안녕하세요가!

안녕하세요가!

국 란

최정원

하진희

정현주

신지나

정아희

조수현

추천사

우당탕탕~ 처음 만나는 요가!
요가강사님들의 『안녕하세요가!』를 추천합니다.

코로나 시기였던 2020년 10월에 개강한 54기(오사기) 요가교육사 과정은 모집하는 과정부터 수월치 않았습니다. 코로나로 인해 비대면 온라인 과정이 속출하고 있었지만, 무슨 고집인지 오프라인 과정으로만 요가원을 운영하던 터라 54기 신입생 모집에 고심이 많았습니다. 하지만 감사하게도 요가교육사 졸업생들과 지인들의 추천으로 개강 최소 인원인 다섯 분이 가까스로 모여 54기를 시작할 수 있게 되었습니다. 그리고 얼마 뒤 추가로 두 분이 더 걸음하여 총 일곱 명이 1년의 여정을 함께 하였습니다.

(사)한국요가문화협회 요가문화원은 한국 요가계의 1세대인 향운 정태혁 박사님(동국대학교 인도철학과 교수)의 가르침을 이어가는 정강주 회장님(본 협회 회장)께서 1980년대 서울시 관악구, 1990년대 경주시 성건동에 이어 2003년 서울시 종로구에 요가문화원을 개원하였습니다. 2025년 현재까지

62기 요가교육사 과정을 개설해 약 900여 명의 지도자를 배출하였습니다.

여러 힘든 시기와 코로나 팬데믹에도 우리 협회는 굳건히 명맥을 유지해 왔습니다. 그것이 가능했던 데는 우리 협회만의 교육과정이 한 몫을 하지 않았나 생각합니다. 협회를 알리는 최고의 홍보는 결국 요가교육사 과정을 졸업하신 분들의 활동이니까요. 물론 우리가 최고의 교육기관은 아닐 수 있지만, 요가문화원은 요가에 진심이고 순수 요가만 지도하며 욕심 없이 공부와 수행을 해오고 있는 곳이라 생각합니다. 오사기 선생님들은 이곳에서 최소 1년 이상 요가를 수련하고 공부를 하였습니다.

오사기의 공동 프로젝트인 『안녕하세요가!』는 요가를 처음 시작하는 분들에게 또는 요가를 전혀 모르는 분들에게 요가 수련에 대한 동기부여가 될 수 있는 소중한 책이라고 생각합니다. 그리고 요가강사를 준비하는 분들과 초보 강사들에게는 따뜻한 공감이 전해질 것이고, 오랫동안 요가 수업을 해 오신 선생님늘에게는 초심으로 돌아갈 수 있는 향수를 제공할 것입니다.

요가교육사를 시작할 때의 설렘과 걱정이 공존하는 마음가짐이 고스란히 담긴 『안녕하세요가!』는 요린이(요가+어린이)들에게 왜 요가를 해야 하는지와 앞으로 어떻게 해야 하는지를, 이제 막 수업을 시작한 풋풋한 요가강사의 관점에서 따뜻하게 이야기합니다.

이야기를 책으로 만나기까지 집필을 시작한 시점으로부터 4년여의 시간이 걸렸습니다. 이제는 어엿한 요가강사로서 혹은 요기니로서의 삶을 영위하고 계실 오사기 선생님들에게 애정을 담아 당부의 말을 전해 봅니다.

요가선생님의 생활태도는 바로 요가 수행력과 결부됩니다. 아무리 요가수업을 잘하거나 아사나가 잘 되어도 평소 과식과 과로, 게으름 등 일상에서 잘못된 생활태도나 자세를 취하고 있다면 요가는 수행이 아니라 그저 뽐내기 수단에 머무르게 됩니다. 또한 요가는 건강을 목적으로 운동의 관점에서만 접근하기보다 바르게 살아가기 위한 수단으로 보아야 합니다. 건강한 사람도, 아픈 사람도 요가를 할 수 있어야 하며, 바른 생활 태도로 살아가다 보면 건강은 자연스럽게 찾아오고 유지되기 마련입니다. 그리고 더 나아가 요가의 최종 목적지인 열반의 상태까지 우리는 욕심을 버리고 꾸준히 수련을 이어가야 합니다.

오사기 선생님들의 요가로운 바른 생활과 요가다운 요가강사님의 모습을 기대하고 응원합니다.

또한 『안녕하세요가!』가 나오기까지 많은 시간과 정성을 들였을 한국요가문화협회 54기 교육사 오사기 선생님들에게 박수를 보냅니다. 그리고 오사기분들과 오사기분들이 요가 수련을 할 수 있도록 지원해 주신 가족분들에게도 머리 숙여 감사드립니다.

나마스떼!

한국요가문화협회 요가문화원 원장
정승훈

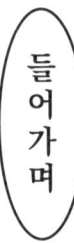

무겁지 않게 우리의 이야기를 전하고 싶었다.
수다를 떨 듯 담담히 우리의 이야기를 나누고 싶었다.

지난하고도 행복하며 아련했던 1년의 시간.
'요가교육사'로 만나 전우애마저 불사르며 보낸 그 1년의 시간이 훌쩍 지나고 이제는 둘러 앉아 서로의 이야기를 웃으며 나눈다.

우리는 '요가가 뭔지도 모르고 요가의 바다에 빠져버렸다'는 게 맞는 표현일 거다.
어쩌면 서로에게는 낯선 일상을 살아가던 일곱 명의 '누군가'가 '도반'이라는 이름으로 요가를 공유하게 되었다.
만남 끝에 이제는 우리의 이야기를 '진짜 요가'를 만나고 싶어 하는 '누군가'에게 들려주자고 마음을 모았다.

말하자면 이 이야기는 요가와의 첫 만남과 그로부터의 이야기다.
'당신'일 수도 있는 그 '누군가'의 성장 서사이기도 하다.

살면서 누구나 한 번쯤은 간절하게 변화를 꿈꾸는 시기가 있다. 불투명한 그레이 빛 세상에서 답답하고 어눌한 '나'를 느낄 때, 저 멀리에 반짝거리는 빛을 바라보며 우리는 그곳으로 가고 싶어 한다.

간절히 변하고 싶다는 내 안의 목소리가 들려올 때,

타이밍 좋게도 '요가'가 거기에 있었다.

그렇게 시작했다! 요가.

요가를 시작하고 얻은 것은 무엇이었나?

간절했던 '내 삶의 변화'라는 바람은 이루어졌나?

요가는 나를 '빛'으로 인도했나?

이제부터 그 이야기를 들려주려 한다.

요가가 지닌 각양각색의 얼굴들, 그 유연함이 지닌 견고한 힘, 자기 안으로의 강력한 '인력(引力)'.

이러한 요소들이 이끌어 낸 자기 안의 성장과 변화,

'빛'으로 걸어가는 변화의 여정.

'멋지게 보이든 어설프게 보이든' 우리의 요가 이야기를 굳이 나누고자 하는 이유는 '누구든', '언제 어디서든' 요가를 만날 수 있고, 요가를 통해 어렵지 않게 '진짜 나'의 변화를 이끌어 낼 수 있다는 사실을 보여주고 싶어서다.

우리의 이야기를 접하며 요가를 조금 더 알아보고 싶다거나 요가가 궁금해진다면 이미 당신의 마음 속에 요가가 들어와 있음을 알아차리시길 바란다.

덧붙여, 이야기와 더불어 생활 속에서 활용할 수 있는 요가 동작들을 동영상과 함께 담아둔다. 다양한 요가동작들로 일상의 발걸음이 조금이나마 가벼워지기를 바라는 마음이다.

크든 작든 삶의 변화를 원하는 '누군가'
또는 요가가 궁금한 '누군가'에게
이 책이 '빛'으로 걸어가는 실마리가 될 수 있기를 바라며.

오사기

추천사 6
들어가며 10

1 란 편 | 인생 노잼 시기 극복요가 17
이야기
아사나 20대는 고단하다. 지친 나를 위로하는 요가

2 정원 편 | 어디서든요가 47
이야기
아사나 1) 몸과 마음을 젊게! 안티에이징 요가 동작들
2) 뚝 떨어진 기력을 느낄 때! 요가로 활력 채우기

3 진희 편 | 소란한 마음 고요히 잠재우는 집중력요가 83
이야기
아사나 소란한 마음을 고요히 잠재우는 요가 동작들

4 현주 편 | 몸으로 마음을 다스리는 오피스요가 111
 # 이야기
 # 아사나   출근했지만 퇴근하고 싶다!
           몸으로 마음을 다스리는 오피스 요가

5 지나 편 | 잘 살고 싶어요가 141
 # 이야기
 # 아사나   1) 아이를 만나기 위한 준비, 산전요가
           2) 엄마이지만 나로서도 당당해지는, 산후요가

6 아희 편 | 해방요가 171
 # 이야기
 # 아사나   평온한 하루를 시작하는 파완묵타 시리즈

7 수현 편 | 요가지도자 꿈나무 기초요가 195
 # 이야기
 # 아사나   요가지도자 꿈나무를 위한 기초 요가동작들

감사의 말   224
참고자료   226

1
एकम् · ekam

란

인생 노잼 시기 극복 요가

국 란

취업과 재취준 사이에서 방황하던 시기에 알바 사장님의 소개로 우연히 요가를 시작했다.

수족냉증에 좋다고 하여 운동으로 시작한 요가가 삶 속에 들어와 수련이 되고, 요가강사라는 새로운 꿈을 꾸게 만들어 교육사과정까지 밟게 되었다.

현재는 평범한 회사원으로 살고 있지만 언젠가 제 2의 직업으로 요가강사를 꿈꾸고 있다.

@ran_4k

PADMASANA

이야기

나 29살인데, 내 주변 사람들 다 운동한다!

운동을 해 보기로 마음먹은 건 25살이었다.

보통 서른이 넘으면 몸이 예전과 다름을 느끼고 운동을 시작하게 된다고들 하는데 나는 그 시기가 조금 빨리 찾아왔다고나 할까.

여행을 가면 꼭 배탈이 나서 돌아왔고 운동한 다음 날이면 온몸에 알이 배겨 회복하기를 하루, 통으로 날리기 일쑤였다. 운동을 하기로 결심한 여러 이유 중 '이렇게 살다간 죽겠다.'는 생각이 8할을 차지했다.

무슨 운동을 해야 하나 고민하며 주변을 둘러보니 이미 내 친구들은 자신에게 맞는 운동을 하나씩 골라 열심히 체력을 기르고 있었다. 크로스 핏은 너무 활발해서 부담스럽고, 근력 운동은 한 동작을 n번씩 n세트 하는 게 몹시 지루했다. 복싱은 줄넘기만 시킬 것 같았고, 필라테스는 매우 비쌌다.

무슨 운동을 할지 몇 년째 고민만 하고 운동은 시작도 못하던 중 회사를 그만두고 돈을 벌기 위해 알바를 하고 있었는데, 그곳 사장님이 내 손발이 너무 차다며 바로 옆에 있는 요가원에서 요가를 배워보라고 권유하셨다. 그렇게 운명적으로 요가는 내 인생에 들어왔다.

백수의 슬기로운 요가 생활

원래 백수가 운동을 시작하면 그날 하루를 보람차게 보낸 것 같은 착각을 하게 되는 법이다. 다니던 직장을 그만두고 코로나 시기에 백수가 된 나는 '보람찬 하루'를 선사해주는 요가에 빠르게 빠져버렸다. 요가를 묵묵히 하다 보면 시나브로 나의 몸이 변하는 것을 느낄 수 있다. 절대 안 될 것이라고 생각해 시도조차 하지 못하던 동작들이 ―수련하는 동안 집중해서 선생님을 따라하면― 어느 순간 완성이 되어 있었다. 고관절이 유연하지 않은 내가 다리를 찢을 수 있을까, 했는데 하루하루 차근차근 수련하다보니 ―180도 다리를 쫙 펴는 것은 아니더라도 130도에서 배를 바닥에 붙이고― 우파비스타 코나아사나(박쥐자세)를 하고 있는 나를 발견했다. 마르고 힘이 없는 나로서는 엄두도 나지 않던 시르사아사나(물구나무서기)를 요가교육사 교육을 받으면서 할 수 있게 되었다. 내 몸 하나 지탱하지 못하던 종인인형 같은 내가 어느 순간 머리와 팔 하나로 거꾸로 세운 내 한 몸 정도는 거뜬하게 버틸 수 있는 힘을 가지게 되었다.

요가 그리고 인생 수련의 시작—중꺾마를 깨닫다!

안될 것 같던 동작들을 하나 하나 수련을 통해 완성해 가다 문득 고등학교 때 엄마의 잔소리가 생각났다. "왜 네가 그 대학을 못갈 거란 생각부터 하니?"라는 말이었다. 그때는 잔소리라 생각했는데 돌이켜보니, 엄마는 삶의 진리를 말씀해 주신 것이었다.

맞다. 난 언제나 내가 실패할 거란 생각을 먼저 했다. 요가 수련을 할 때도 마찬가지였다. '나는 못할 거야, 나는 안 될 거야.'라는 부정적이 생각이 나를 사로잡았다. 그런데 절대 안 될 것 같던 물구나무서기, 다리 찢기, 아치자세도 노력과 의지만 있다면 충분히 할 수 있다는 사실을 몸을 통해 깨달았다. 내 몸이 입증해 주고 있었다. 문득 나는 해내지 못할 것이라는 지레 짐작으로 인생의 가능성을 억누르고 스스로 제한하며 살아왔던 것은 아닐까? 억울해졌다.

그 시기, 나는 무엇을 하며 먹고 살아야 할지 고민하던 때였다. 내가 지금까지 해오던 업(業)은 코로나로 길이 막혔고, 20대 후반에 다시 무언가를 배우기엔 늦었다는 생각에 더럭 겁이 났다. 내 인생을 나조차 최우선으로 두지 않고 잠시 '요가나' 하면서 눈 가리고 아웅하던 시기였다.

길어진 백수생활에 부모님이 내게 제안한 것은 6개월 간 진행되는 국비지원 개발자 코스였다. 다시 새로운 일을 배운다는 것은 두려움이 앞섰지만, 더는 이런 저런 핑계로 앞에 놓인 선택지를 스스로 포기하고 싶지 않았다. 정말로 '**중**'요한 건 '**꺾**'이지 않는 '**마**'음이었다. 늦었다는 생각도, 안 될 거라는 생각도, 인생에는 하등 필요가 없고 노력할 의지만 있다면 그냥 하면 되는 것이다.

요가를 하다 문득 떠오른 엄마의 잔소리(?)는 나에게 6개월 간 진행되는 국비지원 개발자 코스에 뛰어들 용기를 주었다. 국비지원, 말이 참 좋다. 국가에서 배움에 필요한 돈을 다 지원해 준다는 의미이다. 하지만 국비지원 개발자 코스를 밟아 본 사람은 안다. 저 말이 누군가에겐 배움에 있어 희망이 될 수도, 누군가에겐 배움의 나태가 될 수도 있다는 것을. 양날의 검 같은 것이었다.

비전공자들도 개발자라는 직업을 가질 수 있도록 돕는 제도이다 보니, 다양한 나이, 다양한 직업을 가진 사람들이 모여 '팀플'을 하게 된다. '팀플'을 모두가 열심히 참여하면 좋겠지만 당연하게도 무임승차 빌런들을 만나게 되었다. 6개월간 개발과는 전혀 무관한 사람들이 모여 하나의 프로젝트를 완성해 나가는 것을 지켜보며 배움에 있어서 나이는 중요하지 않고, 결국 중요한 건 꺾이지 않는 마음이라는 것을 다시 한번 배웠다.

너무 진부해서 자기계발서의 머리글에나 나올 법한 진리인데, 이 진리를 몸소 깨닫는데 참 오랜 시간이 걸렸구나 싶었다. '중꺾마'의 자세로 6개월을 불태워 지금은 마침내 개발자로 일을 하고 있다.

나에게 운명적으로 다가온 요가는 그렇게 내 인생을 갈고 닦는 수련을 하는 데 초석이 되어 주었다.

사회 초년생의 전화 노이로제 극복기

사회 초년생이 첫 입사 후 가장 공포스러워 하는 것은 무엇일까? 나에겐 전화다.

어느 회사나 마찬가지이겠지만, 신입이 배워야 할 첫 업무는 전화 매너와 사용법이다. 그런데 이 업무가 꽤 복잡하고 골치가 아프다. 당겨 받기, 내선번호 익히기, 돌려주기, 착신전환……. 내가 지금까지 사용해 온 전화기는 전화기가 아니었던가? 전화기에 생판 처음 보는 기능이 너무 많다! 회사에서 사용하는 전화기는 뭐 이리 기능이 많은지, 마치 유치원생이 된 것처럼 전화기 사용법부터 익혀야 하다니, 충격 그 자체다.

겨우겨우 전화기 사용법을 익히면 이제 전화 당겨 받기

지옥이 시작된다. 전화는 어찌어찌 당겨 받는데 아직 업무 파악이 덜 된 신입사원에게 통화는 거의 공포에 가깝다. 상대방이 하는 말을 깔끔하게 요약하여 담당자에게 전달해 줘야하는데 대체 무슨 말을 하는지 파악이 안 된다. 심지어 전화 받을 때마다 모르는 사람이 화내는 것을 듣고 있어야 한다면? 신입사원은 금방 쭈글쭈글해진다.

전화벨이 울리기만 하면 가슴이 답답해지고, 전화를 받아도 문제 해결을 못하는 상황이다 보니 내 탓을 하게 된다. '내가 일을 못해서 이 상황을 해결하지 못하는 건가?' 하는 생각이 들기 시작한다. 어느 순간부터 회사가 아닌 데도, 업무전화가 아닌 데도, 전화를 받는 것이 무서워진다.

취직만 하면 이 괴로움도 다 끝나는 줄 알았는데……

나는 또 요가의 힘을 빌릴 수밖에 없었다. 이 시기에는 마음이 힘들어 주 4일 요가를 했다. 요가를 하면 오직 지금의 동작에만 집중할 수 있으니 머리를 비울 수 있었다. 내 머릿속에서 끊임없이 떠들어 대던 내 탓을 잠시 멈추고 머리를 비워 다시 내일을 살아갈 수 있게 되었다.

호흡으로 몸과 마음을 느끼다

　요가를 할 때 많은 사람들이 화려한 동작만 생각하지만, 사실 그만큼 중요한 것이 바로 호흡이다. 숨을 들이마시고 내쉬면서 동작을 취한다. 부장가아사나(코브라자세)를 할 때, 숨을 들이쉬며 팔에 힘을 줘 상체를 들어 올리고 내쉬며 가슴을 펴고 상체를 편다. 그렇게 숨을 내쉬며 하루하루 답답한 마음을 다 비워냈다. 머리가 아플 땐 거꾸로 서는 시르사아사나를 했다. 양 팔꿈치로 바닥을 지지 한 채 머리를 대고 다리를 들어 올려 내 몸의 무게를 버텨내었다. 가만히 호흡을 하다 보면 두통은 사라지고 마음도 조금 편해졌다.

　그렇게 하루하루를 버티다 보니 어느새 1년 차가 되었다. 이제는 전화 받는 것을 더 이상 두려워하지 않고 여유롭게 응대할 수 있게 되었다. 그 시기에 요가가 나에게 없었으면 도대체 어떻게 내 스트레스를 감당하고 살았을까 싶다. 사람들은 요가를 정적인 운동, 스트레칭에 가까운 운동이라 생각하지만, 요가는 훈련이나 기술을 습득하는 운동이 아닌 그야말로 수련이다. 내 몸과 마음을 돌볼 수 있는.

직장생활 N년 차의 '퇴사병'

　　회사원의 3대 허언. 유튜브한다, 부업한다 그리고 마지막 퇴사한다. 그 시기가 나에게도 와 버렸다. 적응하기 바쁜 저(低) 년차 생활을 1~2년 버텨내니 이제 막연한 불안감이 들었다.

　　'9시 출근해서 6시 퇴근하는 이 일상을 어떻게 이삼십 년을 더 하지?', '평균 수명은 올라가서 난 정말 100살 이상 살지도 모르는데 대체 얼마나 더 이렇게 일해야 하는 거지?' 반복되는 일상 속에서 내 앞으로의 30년을 생각하면 무력감이 덮쳐왔다. 그 막연한 불안감과 무력감은 날 '퇴사병'으로 이끌었다.

　　사실 퇴사하고 여행이나 가고 싶었다. 한 날은 부모님께 "아빠는 어떻게 30년을 일했어?"라고 물으니 "나를 키우느라 정신없이 일했다"는 답변을 들었다. 실제로 아빠는 90년대 노래를 전혀 모르신다. 한창 일할 때 텔레비전 한번 켜 볼 새 없이 일하셨다고 한다. 이제 난 그때의 아빠 나이와 비슷한데 남편도 없고 애도 없는데……. 그럼 난 뭘 동력으로 일해야 하지? 아빠의 답변은 적절했으나 나에게 맞는 대답은 아니었다.

　　취업만 하면 다 끝나는 줄 알았다. 돈을 벌게 되는 것이 꿈이었는데, 돈을 버니 또 다른 문제가 생겼다. 이 시기의 나는 무력감에 짓눌려 정말 아무것도 하지 않았다. 해야만 하는 출근과 퇴근 외에는 나를 위해 시간을 쓰지 않았다. 요가도 하지 않았다. 직장인에게 퇴사는 당연히 언젠가 해야 하는 것이지만, 이직이든 전직이든 하물며 그냥 쉼을 선택하든 아무런 준비 없이 퇴사만 하고 싶은 이 '퇴사병'은 나에게 정말 심각한 병이었다. 나를 점점 고립시키는 병.

사실 나는 이 병을 치료하는 방법을 알고 있다. 사람마다 다르겠지만 나에게 이 병을 치료하는 방법은 아이러니 하게도 열심히 사는 것이다. 첫 단락에 내가 스스로에게 했던 저 수많은 물음들 속에는 사실 답이 없다. 앞으로 30년 회사원으로 9시 출근하고 6시 퇴근하는 삶을 살지 않으면 뭐 어떻게 할 건데. 나는 아직 정답을 가지고 있는 사람이 아니다. 그렇다면 내가 할 수 있는 선택은 하루하루 최선을 다하며 버티는 것.

다시 한 번 더 안녕, 요가

그래서 요가를 다시 시작했다. 24시간 안에 나를 위한 시간을 배치해 보았다. 일주일에 두 번 퇴근 후 한 시간 요가하기, 출퇴근 한 시간 동안 강의 듣기, 자기 전에 명상하기 등. 물론 다 지키지는 않는다. 그냥 해보는 거다. 부담 없이. 나를 위한 시간을 내 하루에 넣어보는 것이다.

요가는 그렇게 다시 나에게 열심히 할 힘을 주었다. 하루의 끝에 땀을 내 요가를 하는 것은 잡생각을 날려버리고, 오늘 하루를 알차게 보냈다는 뿌듯함을 선사해 주었다. 하루를 마무리하는 명상은 —아직 생각을 제거하는 단계에 이르지 못하고 계속 앞으로 어떻게 해야 할지 계획하는 시간이 되어버리곤 하지만— 아무것도 하고 싶지 않았는데 무언가를 해보고 싶다는 생각을 다시 가질 수 있게 해 주었다.

아직 '퇴사병'에서 완치되지는 못했다. 그렇지만 심각한 '퇴사병'이 날 덮쳐올 때, 그 수렁에서 나를 건져 올릴 힘 정도는 가질 수 있게 되었다.

다시 만난 요가, 덕분에!

그래서 다시 한 번 더 반갑게 "안녕, 요가!"

#아사나

20대는 고단하다. 지친 나를 위로하는 요가

[영상으로 만나기]

파드마아사나 (연꽃자세)

파드마아사나는 최고의 명상 자세다. 탁한 물에서 자라나 화려하게 피어나는 연꽃처럼, 처음 자세를 취할 때는 발목과 무릎의 강한 자극으로 고통스러울 수 있지만 자세에 익숙해지는 순간 자극으로부터 초연해지고 고요히 나와 마주하게 된다.

PADMASANA

두 다리를 뻗어 편안하게 앉습니다. 왼 무릎을 구부려 오른쪽 허벅지 가장 높은 곳에 발등을 올리고, 오른 발등을 그 위에 올려 결가부좌를 만듭니다. 두 손을 무릎 위에 놓고 편안하게 호흡합니다. 어깨는 따라 올라가지 않도록 견갑골을 내려 편안히 두고 어깨와 팔의 힘은 뺍니다.

아도 무카 스바나아사나 (개 기지개 켜는 자세)

오랜 시간 앉아서 일하다 보면 거북목, 굳은 어깨, 타이트한 허벅지 뒤쪽 등 다양한 문제가 발생하게 되는데, 아도 무카 스바나아사나는 허벅지 뒤쪽을 늘려주며 동시에 척주와 견갑 어깨를 펼 수 있는 동작으로 꾸준히 하면 체력도 키울 수 있는 회사원의 필수 요가 수행 자세이다.

ADHO MUKHA SVANASANA

허벅지 뒤쪽이 다 풀리지 않은 분들은 다리를 어깨 넓이로 벌리고 진행합니다. 어깨 아래 손목, 골반 아래 무릎을 둔 상태로 무릎을 때고 꼬리뼈를 천장으로 들어 올립니다. 발바닥이 바닥에 붙지 않으면 무릎을 굽혀도 괜찮습니다. 손바닥을 바닥에 꾹 누르면서 굽은 등을 펴 견갑골을 아래로 눌러줍니다. 손목이 꺾이지 않도록 무게중심을 뒤쪽으로 이동하며 꼬리뼈를 천장 위로 끌어올려 척추를 길게 펴는 데 집중합니다.

사람바 시르사아사나 (물구나무서기)

요가 동작의 꽃 물구나무 자세. 물구나무서기는 역자세로서 혈액순환에 좋으며 두통에 효과적인 자세다.

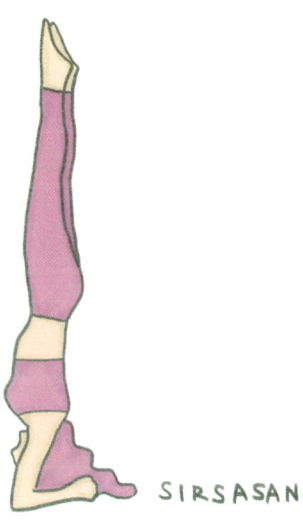

SIRSASANA

　기어가는 자세에서 팔꿈치를 바닥에 내리고 양 손 깍지를 낍니다. 이 때 아래에 있는 소지는 손 안쪽으로 하여 평평하게 바닥을 누르도록 합니다. 깍지 안으로 이마 위 정수리 아래를 받쳐줍니다. 숨을 들이마시며 무릎을 펴고 엉덩이를 높이 들어 올립니다. 그 상태로 한 걸음씩 얼굴 쪽으로 걸어갑니다. 더 이상 얼굴 가까이 갈 수 없을 때 팔꿈치로 바닥을 밀어내며 다리를 바닥에서 띄워 들어 올립니다. 이 때 두 팔과 어깨, 배의 힘을 알아차립니다. 다리를 모두 들어 올렸다면 균형을 잡고 호흡하며 자세를 유지합니다.

발라아사나 (아기자세)

편안한 몸 상태에서 자신의 내면까지 바라보도록 도와주는 동작이다.

BALASANA

양 다리를 붙여 모아 무릎을 꿇고 앉습니다. 한 손 한 손 앞으로 짚어가며 상체를 숙여 이마가 바닥에 닿도록 하고 양 팔은 앞으로 길게 뻗습니다. 눈을 감고 편안하게 호흡합니다.

부장가아사나 (코브라자세)

이 자세는 등과 허리의 경직을 풀어주며, 흉선(胸線)을 발달시킨다. 심리적으로는 흥분을 가라앉히는 역할을 한다. 기분이 우울하거나 처지는 날 이 자세를 권한다.

BHUJANGASANA

얼굴을 아래로 향해 배를 바닥에 대고 엎드립니다. 양 다리는 골반너비로 벌려주고 발등 바닥에 둡니다. 양 손은 가슴 옆 바닥을 짚습니다. 숨을 들이마시며 등과 허리의 힘으로 상체 살짝 들어 올리고 숨을 내쉬며 양 손 바닥을 밀어 상체를 일으킵니다. 어깨기 올라가시 않도록 귀와 어깨는 멀어지게 합니다. 허리의 자극을 의식하기 보다는 몸의 앞면이 늘어나는 느낌에 집중합니다. 동작이 익숙해졌다면 숨을 마시며 가슴까지 끌어올리고 내쉬며 고개를 뒤로 젖힙니다.

사람바 사르반가아사나 (어깨서기)

나의 몸 전체를 어깨와 목으로 지지하는 동작이다. 살면서 거꾸로 내 몸을 지탱하는 일이 얼마나 될까. 역자세는 그 자체만으로 우리의 혈액순환에 도움이 된다. 사람바 사르반가아사나는 눈으로 내 다리를 볼 수 있기 때문에 경추가 유연하다면 초보자에게 비교적 쉬운 역자세이다.

SALAMBA SARVANGASANA

등을 대고 누운 자세에서 발끝을 머리 위로 넘기고 두 손으로 허리 위 견갑을 단단하게 받쳐 줍니다. 마시는 숨에 두 다리를 천장으로 들어 올립니다. 호흡하며 몸의 느낌을 바라봅니다.

동작에서 나올 때는 양 발끝을 다시 머리 위로 내려놓고 양 손은 등 뒤 바닥을 짚습니다. 복부에 힘을 주고 등, 허리, 엉덩이 순으로 바닥에 내립니다. 복부의 힘을 의식하며 다리는 끝까지 뻗어서 아래로 내립니다.

사바아사나 (송장자세)

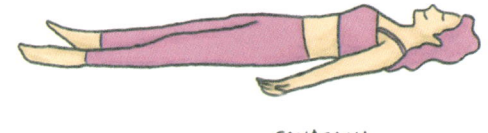

SAVASANA

　등을 대고 누운 자세. 두 다리는 편한 간격으로 벌리고 손바닥은 하늘을 향하도록 하여 손가락에도 힘을 풉니다. 눈썹 사이 미간에도 힘을 풀고 편안한 상태를 유지합니다. 두 눈을 감고 자연스럽게 호흡하며 몸과 마음을 이완합니다. 온몸에 긴장을 풀고 모든 것을 내려놓습니다.

인생 노정 시기 극복용가

2
द्वे · dve

정원

어디서든 요가

최정원

출판기획자 및 인터뷰 기자로 활동하다가 요가와 사랑에 빠져 요가의 깊은 바다에서 유영 중인 요가강사다. 일반 성인 및 시니어, 임산부 등 다양한 연령층에게 하타요가를 지도하고 있으며, 몸의 움직임과 호흡을 통해 몸과 마음의 평온을 이끌어낼 수 있도록 수련 지도에 힘쓰고 있다.

책으로는, 『에이블아트』(사회평론), 『아라비안나이트 박물관』(시대의 창), 『한 끼의 권리』(시대의 창), 『사랑하기 위해 알아야 할 몇 가지 진실』(자인), 『비밀결사』(책으로 보는 세상) 등 번역서 및 기획서가 있다.

@yoga_jungwon

MATSYASANA

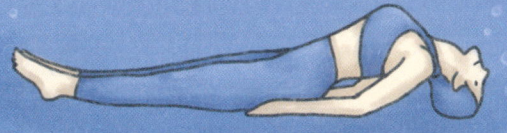

이야기

나의 요가

요가가 뭐냐는 질문을 많이 받는다.

저 멀리로는 인도의 경전 요가수트라, 우파니샤드, 바가바드 기따에서 가까이로는 아헹가의 요가 디피카에 이르기까지 수많은 문헌과 서적들이 요가를 논한다.

요가는 '마음 작용을 조절하는 것', '진정한 나를 발견하는 것', '삼매(三昧)의 경지에 이르는 것' 등등 말이다.

감히 요가를 뭐라 단정 짓기는 어렵다. 다만 지금 내가 생각하는 요가를 한마디로 표현 한다면 '알아차리는 순간 만나게 되는 것이 요가'라 말하고 싶다.

우리 삶의 여정 어디에나 요가가 있다. 요가의 세계는 넓고 깊으며 광활하다. 그 세계에 발을 내딛는 순간 요가는 내 삶의 여정이 된다.

요가는 나 자신을 '바라보고 느끼고 알아차리는 것' 이다. 숨을 들이마시고 내쉬면서 '아! 내가 숨을 쉬고 있구나.' 알아차린다면 그 순간 나는 요가와 만난 것이다. 누군가의 만행으로 분노가 머리끝까지 치밀 때 나의 분노를 알아차리고 '후~!' 호흡하며 진정시키는 행위를 한다면 나는 요가 안에 있는 것이다.

나는 중년의 나이에 요가 강사가 되었다. 이전에는 사람 만나 인터뷰하고 일본 서적을 한국에 소개하고 글 쓰고 책 만들던 일을 했다. 이전의 내 일이 맘에 들지 않아서 요가강사 일을 시작한 것은 아니다. 그저 나도 모르게 요가의 바다에 빠져버렸다는 게 맞는 표현일 것 같다.

나의 요가 이야기는 이렇다.

그렇게 시작했다 요가!

살이 빼고 싶었다.

딱 그 이유 하나였다.

아이 낳은 지 10년. 임신기에 불었던 체중이 아기 몸무게 빠지고 나머지는 그대로 내 살이 되어 있었다.

책상 앞에서 일하는 직업의 특성상 움직임이 적고, 아이 돌보느라 운동할 시간이 없다는 핑계 뒤에 숨어 있기에는 모든 것에 빨간불이 켜져 있었다.

체력은 떨어지고, 체력이 떨어지니 조금만 움직여도 힘이 들고, 힘이 드니 자주 짜증이 났다. 아이에게 화를 내고 돌아서 미안해하는 게 내 일상이 되어 있었다.

남편과의 관계도 소원해졌다. '나'라는 사람은 없어지고 아이 키우는 '엄마'로만 존재하는 느낌. 무엇보다 가장 나를 슬프게 했던 것은 나 자신을 더 이상 사랑하지 않게 되었다는 사실이었다.

무엇이라도 해야 했다. 하교하는 딸아이의 손을 잡고 지나던 길. 동네 복지관 앞에 붙은 요가 클래스 오픈 공지가 보였다. 그대로 들어가 등록을 했다.

이게 요가?

주 3회 1시간 수련. 빠지지 않고 열심히 다녔다.

마시고! 내쉬고! 하는 호흡이 어려웠지만 어떻게든 따라가 보려고 노력했다.

평소에는 하지 않는 자세를 만들어놓고 그대로 유지하라고 하면 어떻게든 끝까지 버티려고 노력했다. 괴롭고 힘들었다. 몸도 후끈 달아오르고 땀도 났다. 이런 게 요가로구나! 그럼에도 살은 빠지지 않았다.

요가 클래스에 들어온 지 6개월, 여전히 나는 풍만한 몸

똥이었다. 요가로 살을 빼서 리즈 시절로 돌아가리라는 나의 꿈은 저 멀리 사라지고 있었다.

행복의 사바아사나

나는 개근생이었다.

아침에 눈을 뜨면 당연한 듯 요가원에 몸을 가져다 놓았다. 살은 빠지지도 않는데 굳이 주 3일 시간을 들여가며 몸을 괴롭히는 이유는 무엇이었을까?

잘은 모르겠지만 힘든 수련 끝에 송장처럼 누워 깊이 이완하는 사바아사나의 순간이 나는 참 좋았던 것 같다.

사바아사나. "위를 보고 바닥에 누워 몸을 완전히 이완하되 마음은 깨어있어야 한다. 최상의 사바아사나 상태는 깊은 평화와 순수한 기쁨의 느낌이다."(스와미 시바난다 라다 『하타요가와 명상』, 2004)

징밀이지 알 수 없는 평화로움과 그 평화로움이 주는 형언할 수 없는 행복감이 있었다. 온전히 내 안을 바라볼 수 있는 시간이었다.

요가와 사랑에 빠지다

'나를 바라본다는 것.'

이전의 삶을 되돌아봤을 때 나는 '나를 바라본다'는 행위에 대해 생각해 본 적도 없었고 어떻게 하는지도 몰랐다. 그런데 요가에는 순간 순간의 바라봄이 있었다.

이완할 때는 깊이 들어오고 나가는 나의 숨을 바라보고 힘에 부치는 어려운 동작을 이어갈 때는 거칠게 뿜어나는 나의 숨을 바라본다. 몸에 익숙지 않은 괴로운 동작을 할 때면 내 몸 어디에서 자극을 느끼는지 자극 부위를 가만히 바라본다.

'고통'의 찰나에 찾아오는 알 수 없는 평화. 아주 고요한 진공의 공간 속에서 나와 눈이 마주치는 오묘한 느낌이다. 가끔은 사바아사나가 아닌 꿀잠에 빠질 때도 많았다. 그러나 그마저도 개운했다.

나는 그렇게 요가와 사랑에 빠졌다!

안국동 요가문화원

헉! 여기 뭐야!?

한 시간의 수련 뒤 내 옆에서 함께 수련하시던 나이 지긋한 회원 한 분이 조용히 시르사아사나(물구나무자세)로 몇 분째 미동도 없다. 나중에 안 사실이지만 70대 중반이시란다. 수련이 끝났음에도 대부분의 회원들이 그대로 남아 매트 위에서 기괴한(?) 자세로 자기만의 수련을 이어가고 있다.

안국동 요가문화원. 우리 요가선생님이 요가를 어디서 하는지 궁금해 따라간 곳이었다. 현대 사옥 바로 옆에 조금은 낡은 듯한, 그러나 반질반질 윤이 나는 도심 속의 '도가(道家)' 같았다. 히말라야 요가의 계보를 잇는 하타 요가 중심의 요가원이었다. 고요하고 정돈된 느낌의, 단단하면서도 힘 있는, 그러면서도 부드러운 한 시간의 수련이 금방 끝이 났다.

사바아사나. 극강의 평온함 속에서 '이곳에서 요가를 해야겠다!'고 생각했다.

그리고 그곳에서 나는 요가강사가 되었다!

다른 세상과 만나다

1년의 강사 교육 과정은 다른 세상으로 가는 긴 터널 같았다.

그곳에서 누구와도 바꿀 수 없는 소중한 도반들을 만났고 덕분에 그 긴 여정을 함께 할 수 있었다. 우리는 마치 수

행자였다.

충격적인 사실은 요가라는 것이 다이어트에 초점을 둔 단순한 운동이 아니라는 사실을 그제야 깨닫게 되었다는 점이다.

일반적으로 우리가 아는 동작 위주의 요가는 요가의 한 부분에 지나지 않는다. '아사나'라고 하는 요가의 동작은 '사마디' 즉 깨달음을 돕기 위한 수련 과정의 하나일 뿐.

'아사나'만 해도 단순한 살빼기보다는 몸의 균형, 유연성과 근력의 조화, 이를 통한 심신의 조화로운 건강을 지향한다.

녹녹치 않은 하타요가 수련과 요가수트라, 우파니샤드, 바가바드 기따 등 요가경전들을 통한 깊이 있는 요가 철학이 몸과 마음을 단단하게 해주었다. 특히 인도 경전이 전하는 메시지는 세상을 바라보는 관점을 완전히 바꿔놓았다.

바가바드 기따

"그대는 자신의 의무를 수행할 권리가 있다.
그러나 그 행동의 결과에 대해서는 책임질 필요가 없

다."[1] (석지현 해설 『바가바드 기따』, 일지사, 1992, p.94)

'Just Do It!'

내가 가장 좋아하는 인도 경전은 바가바드 기따다.

뭔가 엄청난 우주의 비밀을 담아놓은 듯한 내용의 압도적인 힘이 나는 좋다.

겁 많고 생각 많은 나에게 바가바드 기따가 전한 메시지는 나의 세상을 전혀 다른 세상으로 만들어 놓았다.

'결과는 내 것이 아니다. 그냥 행동하라!'

왜 바가바드 기따의 '행위명상'이 내 가슴을 관통한 것인지 알 수는 없다. 중요한 것은 바가바드 기따를 만난 이후 내가 원하는 것을 위해 망설임 없이 움직이게 되었고 덕분에 더 많은 즐거움을 누릴 수 있게 되었다는 사실이다.

1년이란 여정의 긴 터널을 빠져나왔을 때 분명 나의 세계는 변해있었다.

---

[1] 책에는 '책임질 필요가 없다.' 로 쓰여 있으나, 이는 해석에 오해의 소지가 있어 부연 설명을 해둔다. '책임질 필요가 없다.'는 말은 결과에 집착하지 않는 행위를 지칭하는 것이다.

요가가 내게 준 것

요가를 시작한 지 10여 년이 훌쩍 지났다.

살을 빼고 싶어 시작한 요가였지만 10년 세월 동안 눈에 보일만큼 살은 빠지지 않았다. 애초에 요가라는 것이 다이어트보다는 몸과 마음의 건강에 목적을 두는 것이니 당연한 결과다. 물론 체중은 10년 전보다야 줄었다. 외적으로도 뚱뚱하다기 보다는 보기 좋게 건강한 모양새가 되었다. 하지만 나의 외적인 변화는 수영과 걷기 등 요가를 포함한 여러 가지 움직임의 결과물이라고 하는 것이 맞다.

오히려 다이어트가 된 것은 '생각'이다. 불필요한 생각들이 제거되었다. 불필요한 걱정들, 그로 인한 망설임 등. 아이러니하게도 요가를 통해 얻은 가장 큰 수확은 '내가 그렇게도 숨기고 싶어 하던 내 옆구리 살을 더 이상 혐오하지 않게 되었다'는 사실이다.

어느 때부터인가 요가를 통해 적어도 내 몸의 변화를 감지할 수 있게 되었다. 몸도 조금씩 가벼워지고 단단해져 갔다. 그런 나를 바라보는 매 순간 스스로 대견했고 그런 내가 좋아졌다.

살이 좀 찌면 어떠한가? 그런 모습을 한 지금의 나는 너무나 소중한 존재다.

그리고 그런 나를 바라보고 알아차리고 긍정적인 변화를 향해 움직일 수 있다면 그런 나는 더없이 멋진 사람이다.

지금 이 순간, 바로 이곳에 머물러 있는 나를 느껴본다.
그렇게 나를 알아차리는 순간 나는 또 한 번 요가와 만난다.

나마스테!

아사나

1) 몸과 마음을 젊게! 안티에이징 요가 동작들
2) 뚝 떨어진 기력을 느낄 때! 요가로 활력 채우기

몸과 마음을 젊게! 안티에이징 요가 동작들

[영상으로 만나기]

수업을 진행하다 보면 몸의 나이가 보인다. 법적인 나이는 60대임에도 30대 못지않은 유연함과 반듯한 자세로 신체나이 최소 -12세인 젊은 실버가 있는가 하면 20대임에도 어깨는 말려있고 골반도 틀어져 거북목에 어깨 뭉침, 두통을 달고 사는 늙은 청년이 있다.

누구나 젊게 살고 싶어 한다. 단순히 외적인 부분만이 아니다. 젊다는 것은 에너지가 넘친다는 것. 순환이 잘 된다는 것. 몸이 바르게 펴져 있다는 것. 균형감을 가지고 있다는 것, 데미지에도 다시 원상 복구할 수 있는 탄성이 강하다는 것이다. 몸이 젊어야 마음이 몸에 장악당하지 않는다.

젊은 몸을 만들어 주는 건강한 요가 자세 몇 가지를 소개한다.

몸의 균형을 잡아주는 동작들

웃티타 트리코나아사나 (위로 뻗은 삼각자세)

UTTHITA TRIKONASANA

선 자세에서 양 발의 넓이 1m 정도로 열어두고 발 바깥날은 11자로 놓아둡니다.

왼쪽 발끝을 왼쪽으로 90도 돌려놓고 오른쪽 발끝은 15도 왼쪽으로 돌려놓습니다.

마시는 숨에 양 팔 수평으로 열고 내쉬는 숨에 상체를 왼쪽으로 기울여 왼손을 다리 위에 얹고 오른팔은 수직으로 올렸다가 귀 옆으로 가져와 길게 뻗습니다. 시선은 오른손 끝을 따라갑니다. 이때 오른쪽 어깨는 열어주고 둔부는 뒤로 빠지지 않습니다. 30초 정도 유지 후 마시면서 상체 일으켜 양 팔 수평, 내쉬면서 양 손 아래로 내려 돌아옵니다. (반대쪽도 같은 방법으로 진행)

받다 코나아사나 (나비자세)

앉은 자세에서 양 발바닥을 모아 붙입니다. 양 손 깍지 껴 발끝을 잡고 마시는 숨에 등과 허리를 바로 세우고 내쉬면서 상체를 앞으로 숙입니다. 이 때 팔꿈치로 종아리를 눌러주면 골반을 조금 더 열 수 있습니다. 내쉴 때 괄약근을 조여 줍니다.

역자세로 안티에이징

할라아사나 (쟁기자세)

    양 발을 모으고 바르게 눕습니다. 다리를 머리 위로 넘기고 양 손으로 등 뒤를 받칩니다. 발끝 낮춰 세워놓고 무게중심을 어깨 쪽으로 가져갑니다.
    팔꿈치는 벌어지지 않도록 합니다. 턱 끝을 당겨서 쇄골과 가까이 놓아둡니다. 여기에서 유지해도 좋고 자세가 안정적이라면 양 손을 깍지 껴 등 뒤 바닥에 내려놓고 유지합니다.

사람바 사르반가아사나 (어깨서기)

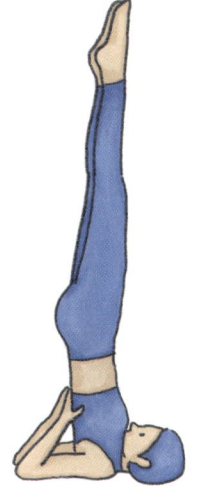

SALAMBA SARVANGASANA

할라아사나에서 자세를 이어갑니다. 양 손으로 허리를 받쳐 세웁니다.

이제 양 다리 모두 위로 올립니다. 복부의 힘으로 함께 올려도 좋고 한 다리씩 올려도 좋습니다. 호흡하며 유지.

돌아올 때는 숨을 내쉬면서 천천히 양 발 머리 위로 내립니다. 등을 받치고 있던 양 손을 내려 등 뒤 바닥을 짚습니다.

턱 끝을 당겨놓고 발끝을 당겨 복부의 힘으로 등과 허리 순으로 천천히 몸을 내려놓습니다. 다리는 끝까지 뻗어 아래로 내려놓습니다.

몸 펴고 열어주는 동작들

아르다 푸르보타나아사나 (위를 향한 테이블자세)

ARDHA PURVOTTANASANA

앉은 자세에서 시작합니다. 양 손 등 뒤 바닥을 짚고 양 무릎을 세워 골반 너비로 놓아둡니다. 세운 다리의 내각은 90도 정도로 놓아둡니다.

숨을 들이마시면서 가슴 밀어 올려 날개뼈를 모읍니다. 이제 숨을 내쉬면서 손바닥과 발바닥으로 바닥을 밀어내며 엉덩이를 들어 올립니다. 숨 마시며 손바닥과 발바닥으로 바닥을 밀어내는 힘으로 한 번 더 골반 가슴을 끌어올리고 숨을 내쉬면서 고개 뒤로 젖힙니다. 20초에서 30초간 유지 후 천천히 엉덩이를 내려 돌아옵니다.

마츠야아사나 (물고기자세)

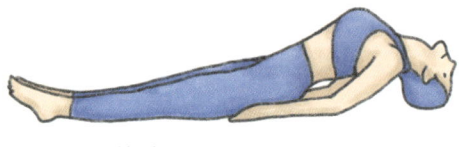

MATSYASANA

누운 자세에서 시작합니다. 양 어깨를 완전히 뒤로 젖혀서 양 팔을 등 뒤로 집어넣습니다. 양 손등으로 엉덩이 아래를 받쳐 두고 발끝은 당겨놓습니다. 팔은 완전히 등 뒤로 말아 넣어 날개뼈가 모이고 가슴은 위로 올라갑니다.

숨 마시면서 팔꿈치로 바닥을 밀어내며 가슴을 위로 올리고 내쉬면서 고개를 뒤로 젖힙니다. 팔꿈치로 몸을 지지하고 정수리는 살짝 바닥에 내려놓습니다.

자세가 안정되었다면 발끝도 뻗어줍니다. 깊은 호흡을 이어가며 자세를 유지합니다.

돌아올 때는 마시면서 한 번 더 가슴을 끌어올렸다가 내쉬면서 고개를 내려놓고 등을 내려놓습니다. 몸을 들썩들썩 움직여 양 팔을 빼내고 몸을 편히 둡니다. 고개를 좌우로 움직이며 목과 어깨의 긴장감도 풀어줍니다.

뚝 떨어진 기력을 느낄 때! 요가로 활력 채우기

[영상으로 만나기]

그런 날이 있다. 손가락 하나 발가락 하나 꼼짝도 하기 싫은 날.
요즘 들어 기력이 부쩍 떨어진 느낌이 든다면 내 몸에 활력이 필요할 때!

몸 안의 활력과 의욕을 끌어내는 동작은 가슴 열기, 팔과 다리 펴기 등 몸을 활짝 여는 자세들이다.

팔과 다리를 활짝 열고 근육을 강하게 수축시키면 근세포 구석구석에 신선한 산소가 공급되어 혈류가 좋아지고 뇌에 자극을 줄 수 있다. 근육의 강한 움직임으로 몸과 뇌를 자극한다.

내 몸 활성화시키는 동작들

옆구리 늘리기

옆구리를 늘리는 동작은 상체의 피로를 풀어주는 아주 좋은 자세다. 옆구리를 늘리면 전흉부 특히 갈비뼈 주변의 호흡근이 늘어나 폐가 확장되어 호흡이 깊어진다. 온몸으로 산소가 전달되어 몸과 뇌를 활성화시킨다.

　앉은 자세에서 양 팔을 수평으로 열어줍니다. 마시는 숨에 양 손끝을 멀리 밀어냈다가, 내쉬는 숨에 상체를 왼쪽으로 기울여 왼손 바닥을 짚고 오른 팔 귀 옆으로 가져가 손끝을 뻗습니다. 깊은 숨을 마시고 내쉬며 잠시 유지합니다. 마시면서 상체 올라와 양 팔을 수평으로 뻗었다가 내쉬면서 상체 오른쪽으로 기울여 오른손 바닥을 짚고 왼팔 귀 옆으로 뻗어 손끝 멀리 밀어냅니다. 마시면서 상체가 올라오고 내쉬면서 팔을 내려놓습니다. (반대쪽도 이어 진행)

우파비스타 코나아사나 (박쥐자세)

다리를 여는 자세로 고관절을 스트레칭하고 허벅지 안쪽의 내분비선을 자극하여 하반신에 쌓인 노폐물을 배출시킨다. 고관절에는 두꺼운 혈관과 림프선의 중계지점이 모여있다. 다리를 활짝 벌려 고관절을 스트레칭해 쌓여있던 노폐물을 내보내면 몸의 순환이 좋아져 몸이 가벼워진다.

UPAVISTHA KONASANA

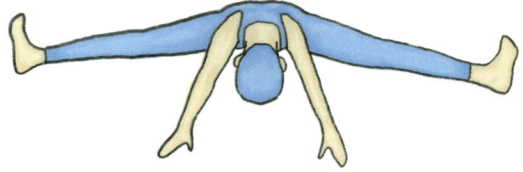

앉은 자세에서 양 다리를 옆으로 뻗습니다. 엉덩이를 들썩들썩 움직여 꼬리뼈를 뒤로 뺍니다. 발끝은 당겨 놓습니다. 숨을 미시면서 상체를 바로 세우고 숨을 내쉬면서 한 손 한 손 앞으로 짚어가 상체를 아래로 숙입니다. 허벅지 안쪽의 자극을 느끼면서 호흡하며 유지합니다.

아르다 마첸드라아사나 (반 비틀기자세)

몸을 비틀어 횡격막과 연결되어 있는 대요근을 움직이면 폐의 움직임이 활발해져 온몸 구석구석 산소가 전달된다. 호흡과 함께 조금씩 깊게 비틀어 가면 몸을 조금 더 활성화시킬 수 있다.

양 다리를 앞으로 뻗어 양 발을 모았다가 왼쪽 무릎을 굽혀서 왼발 오른 무릎 바깥쪽에 두고 오른팔을 굽혀서 팔꿈치로 인 무릎 바깥쪽을 밀어냅니다. 왼손은 등 뒤 바닥을 짚습니다.

뻗은 다리의 발끝을 몸 쪽으로 당겨놓고 마시는 숨에 척추를 바로 세우고 내쉬는 숨에 몸통을 왼쪽으로 돌려 뒤쪽을 바라봅니다. 팔꿈치로 무릎을 밀어내는 힘으로 몸통을 조금씩 더 비틀어 갑니다. (반대쪽도 이어 진행)

기분 좋아지는 자세

안테나자세

온몸을 활짝 열어 몸을 활성화시키고 긍정적인 에너지를 채워주는 동작.

온몸에 좋은 에너지를 가득 채운다는 느낌으로 호흡과 함께 진행한다.

양 발은 어깨 넓이로 벌리고 발의 측면은 11자 되듯이 발 안쪽으로 살짝 모아둡니다. 숨을 들이마시며 양 팔을 위로 올립니다. 이때 가슴과 고개는 팔과 함께 따라 올라갑니다. 양팔은 활짝 펼치고 손가락도 활짝 열어줍니다. 고개를 들어 천정을 바라봅니다. 눈을 감고 자신은 좋은 에너지를 끌어당기는 안테나가 되었다고 생각합니다. 웃는 얼굴로 몸 안에 좋은 기운을 가득 채운다는 느낌으로 호흡하며 유지. 동작에서 나올 때는 숨을 내쉬면서 가슴을 활짝 열어 팔을 뒤로 젖히며 아래로 내려놓습니다. (2회 더 진행)

에너지 뿜뿜 동작들

비라바드라아사나1 (전사자세1)

팔과 다리를 뻗어 몸을 단단하게 유지하는 자세. 몸의 확장으로 에너지가 차오르고 혈액순환이 촉진되어 대사가 활발해진다. 몸에 에너지를 주는 자세.

척추를 바로 세우고 복부에 힘이 들어가기 때문에 온몸에 힘이 전달된다.

VIRABHADRASANA

    양 발을 어깨너비 세 배 가량 벌리고 섭니다. 왼발 90도, 오른발 60도 각도로 왼쪽으로 돌리면서 몸의 방향을 자연스럽게 왼쪽으로 돌립니다.

    가슴 앞에서 합장했다가 숨을 마시면서 합장한 손을 머리 위로 길게 뻗고 숨을 내쉬면서 왼쪽 무릎을 직각으로 굽힙니다.

    뒤쪽 다리 무릎을 펴고 발바닥으로 바닥을 밀어내어 무게가 앞쪽으로 치우치지 않도록 합니다. 균형을 잡고 몸을 단단하게 만들어 유지합니다. (반대쪽도 이어 진행)

다누라아사나 (활자세)

가슴과 어깨를 열고 팔과 다리를 늘리며 몸의 중심에 힘을 채우는 동작.

DHANURASANA

배를 대고 엎드린 자세에서 이마를 바닥에 둡니다. 양 손을 뒤로 뻗어 발등이나 발목을 잡습니다. 이때 무릎은 골반너비로 열고 엄지발가락끼리 붙입니다

마시는 숨에 손과 발을 들어 올리고 발등을 뒤로 밀어내는 힘에 매달려 상체와 고개를 들어 올립니다. 발등을 계속 뒤로 밀어내며 상체를 조금씩 더 들 수 있도록 합니다. 호흡하며 유지합니다.

동작에서 나올 때는 숨을 내쉬면서 천천히 손과 발을 바닥에 내려놓습니다. 한쪽 뺨을 바닥에 대고 손등은 둔부 옆에 편히 두고 이완합니다.

3

तरीणि · treeni

진희

소란한 마음 고요히 잠재우는 집중력 요가

하진희

아직은 공부가 더 하고 싶은 20대 후반. 심적으로 힘들 때 요가의 세계로 빠지고는 한다.
해도 몸이 찌뿌둥하고 안 해도 찌뿌둥한 요가. 애증관계로 바뀐 지 오래다.
워낙 틀어져있던 몸이 요가로 인해 조금씩 건강하게 변화하는 것을 느껴 그 매력을 주변에 전파하고자 교육사 과정을 밟았다.
아사나 보다 요가 이론과 철학에 깊은 흥미를 느끼고 있다.
현재는 연세대학교 대학원에서 석사과정을 밟으며 전공 공부에 매진하고 있지만, 언젠가는 시니어들의 수련을 지도하고 싶다는 요가 지도자의 꿈을 가지고 있다.

이야기

나를 바라보고 알아차린다는 것.
요가를 시작하고 나를 바라보니 알아차리게 된 것은 불균형적인 나의 몸과 과도하게 긴장하는 나의 모습, 그리고 산만한 나의 머릿속이었다.

1센티의 불균형

TMI를 좀 길게 적어본다. 내 키는 164cm이다. 한국 여성 평균 키를 160cm라고 가정한다면 평균보다는 크고, 170cm보다는 작으니까 뭐 크지도 작지도 않은 딱 적당한 키다. 원한다면 하이힐도 신을 수 있다! 하지만 내 왼쪽 다리의 길이는 오른쪽 다리보다 1cm정도가 길다. 그러니까 왼쪽만 보면 165cm라고 우길 수도 있다! 일반적으로 다리 길이는 개인차가 있다고들 하지만 내 경우는 교통사고 후유증이다.

초등학교 6학년을 앞둔 겨울 방학, 차가 7m아래로 추락하는 교통사고를 당했다. 왼쪽 다리 대퇴부가 골절되고 성장판이 찢어져 봉합을 못하고 못으로 고정하는 수술을 받았다. 성장이 한창 진행되는 열 세 살의 그때, 골반도 비뚤어지고 몸이 완전히 틀어졌다. 그래서 다리 길이도 달라졌다. 그뿐인가. 허리통증 같은 후유증이 온몸 곳곳에서 나타났다. 하지만 그 땐 어렸고 어린만큼 불균형의 데미지가 신체적으로 크게 와 닿지는 않았다.

몸을 알아차린다는 것

내 몸이 많이 틀어져 있다는 것을 알아차리게 된 건 요가를 시작하면서다.

자세를 취할 때 왼쪽과 오른쪽에 나타나는 반응이 다르고, 몸이 많이 틀어진 탓에 같은 동작을 하더라도 오른쪽과 왼쪽이 확연히 다른 움지임을 보였다. 불균형의 심각성을 느끼지 않을 수 없었다.

요가원의 많은 선생님들께서 관심을 주셨다. 안 되는 것이 당연하다는 말이 아닌, 할 수 있는 것부터 천천히 해보자는 말에 변화에 대한 희망을 갖게 되었다.

나는 남들이 다 할 수 있는 기본 동작도 되지 않은 것이 많았다. 유연성도 부족한 데다 결정적으로 "몸을 알아차려야 몸을 쓰게 된다."라는 원장님의 따끔한 조언을 들을 정도로 남보다 더 몸에 대해 알아차리는 데 오래 걸렸다.

그만 좀 산만해라

요가를 하다 보니 인식하지 못했던 나의 모습도 알아차리게 되었다.

내 머릿속은 늘 복잡하기 짝이 없다. 뭔가를 생각하고 다음에 할 행동을 대비해 동선을 짜기 때문에 머릿속이 늘 복잡하다는 것도 알게 되었다. 몸은 긴장하고 머리는 오만가지 생각을 하느라 산만한 것이 나의 상태였다.

입시를 하던 고등학교 마지막 학년으로 돌아가 보니 그 당시 내 별명을 엄마가 '책상 껌딱지' 라고 붙여 주었던 기억이 난다. 그만큼 나는 책상 앞에 앉아 있던 시간이 길었다. 산만함에 기인한 결과였다. 집중력이 강한 사람들은 오직 한 가지에만 몰두하지만 나는 하나에 집중한다기보다는 "일단 앉았으니까 하던 일은 마무리 하자" 주의였기 때문에 내내 책상에서 벗어나지 않았다. 집중을 못하는 산만함 속에서 무언가를 하려니 시간 대비 효율성은 제로일 수밖에 없었다.

요가를 할 때는 머릿속의 복잡한 사고 회로가 잠시 멈추는 것 같았다.

요가를 한다고 해서 매번 이 정신 사나움에서 탈피 할 수 있었던 것은 아니지만, 잠시나마 시간을 내어 호흡과 몸의 자극에 집중하다 보면 어느새 산만하게 들어찬 생각들이 비워져 다시금 일에 집중할 수 있는 힘이 생겼다.

과도한 긴장

내가 알아차린 또 하나의 나는 지나치게 긴장하는 모습이었다.

긴장은 내 인생 최대의 적. 어느 순간부터 긴장이 습관이 되어 스쳐 지나는 인연이 아닌 평생의 동반자가 되어버렸다.

긴장하지만 않았더라면 더 좋은 결과를 가져왔을 경험이 셀 수 없이 많다. 그래서 중요한 일을 앞둔 때마다 '마음을 차분히 하자.'라고 되새기곤 하였다. 하지만 막상 상황에 맞닥뜨리면 마음과 몸이 따로 놀아서 마음을 가라앉히기가 쉽지 않았다.

국제학교에 다니던 시절, 개인 발표 시간마다 지나치게 긴장하는 탓에 공들여 준비했던 발표가 물거품이 된 일도 있었다. 속상하기가 이루 말로 다 표현 할 수 없었지만 속상해 한들 긴장하는 습관이 사라지는 것은 아니었다. 내 극도의 긴장감을 감지하신 영어 선생님께서 준비해 간 자료를 내 앞에서 찢으며 생각나는 대로만 발표하라는 극약처방을 내리기까지 했을 정도였다. ―그 때는 발표를 잘 하는 것이 목표가 아닌 무사히 마치는 것이 목표가 되어서였는지 신기하게도 발표를 무사히 마쳤다.

이렇게 시험 전, 면접 전에 긴장하는 것은 늘 같은 패턴으로 나를 괴롭혔다. 준비한 만큼 못 보여주는 것이 일상 다반사였고, 결과가 준비한 만큼 안 나왔을 때 나는 국제학교 그 때의 그 모습으로 돌아갔다.

이런 내 자신이 답답했다. 어떻게 하면 고칠 수 있을까를 늘 고민하며 살았다.

생각을 비우고 마음을 고요히

이처럼 불균형적이고 산만하며 극도로 긴장하는 나를 정면으로 바라보게 한 것이 바로 요가다.

나 자신을 알고 나니, 나를 괴롭혔던 나의 모습들을 더디더라도 차근차근 고쳐야겠다는 생각을 하게 됐다. 요가를 통해 조금씩 몸의 균형을 찾아갔고 산만함과 긴장감을 늦추는 여러 가지 방법들을 요가 안에서 모색했다.

이러한 사정 끝에 "생각을 비우고 마음을 가라앉히는 요가 동작들"을 구성하게 되었다. 중요한 일을 앞두고 마음을 가라앉히기 위해 만든 동작 시퀀스. 요가 호흡법과 몸 풀기 동작 몇 가지로 이루어진 간단한 구성으로 잡념을 없애주고 긴장감을 줄여주는 동작들이다. 대학원 면접을 앞두고 긴장감을 없애려 —지푸라기라도 잡는 심정으로— 면접 3시간 전부터 한 호흡, 한 호흡, 한 동작, 한 동작 차례대로 해 보았다. 신기하게도 이 단순한 호흡과 동작들이 긴장을 풀어주었고, 내가 봤던 면접 가운데 역대급의 성적을 만들어주었다.

평범한 듯 보이지만 단 맛 쓴 맛 다 맛 본(?) 20대의 내 인생.

20대 중반, 엉망인 몸 상태로 시작한 요가다. 요가와의 만남은 나 자신을 발견하고 변화시킬 수 있는 터닝 포인트가 되었다.

지금 요가는 내 일상의 일부다. 완벽하지는 않지만 요가를 통해 몸과 마음을 건강하게 유지하고 성장하는 여정을 많은 사람들과 함께 나누고 싶다.

아사나

소란한 마음을 고요히 잠재우는 요가 동작들

[영상으로 만나기]

바즈라아사나 (금강자세)

본격적인 수련에 앞서 신체를 고요히 함으로써 마음을 집중하는 데 효과적인 동작이다. 척추를 바로 세워주기 때문에 머리까지 혈액과 산소공급이 풍부해져 머리가 맑아지며 집중력에 도움을 준다.

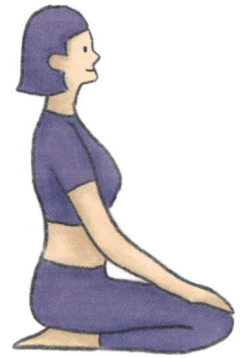

VAJRASANA

무릎을 꿇고 앉습니다. 뒤꿈치를 열고 그 위에 엉덩이를 내려앉습니다. 가슴을 열고 허리를 바로 세웁니다. 척추를 최대한 바로 세워 내 몸 중심부의 힘을 느낍니다. 두 손은 무릎 위에 두고, 눈을 감아 내면을 바라보거나 정면을 바라보면서 한 점을 응시합니다.

발라아사나 (아기자세)

태아가 엄마의 자궁 안에서 자는 모습을 형상화한 자세로 목, 어깨, 허리에 힘을 빼고 이완하는 동작이다. 심신 안정에 탁월하다.

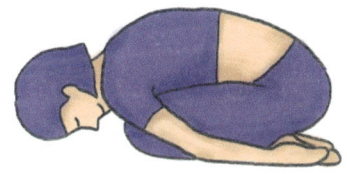

BALASANA

무릎을 꿇습니다. 무릎을 어깨 너비로 열고 정면을 바라보며 숨을 들이마 셨다가 내쉬며 상체와 고개를 아래로 숙입니다. 발등은 바닥에 둡니다. 몸은 길게 늘어뜨리고 두 팔을 앞으로 뻗어 손등을 위로 향하거니 필을 아래로 내려 손등을 눈부 옆에 내려놓습니다. 이 때 엉덩이는 뒤꿈치 위에 올려 두되 들리지 않도록 하여 엉덩이 뒷면부터 등이 편히 늘어나는 느낌을 느껴봅니다. 이마는 바닥에 대고 심호흡을 길게 합니다. 30초에서 3분간 유지하는 연습을 해봅니다.

비라아사나 (영웅자세)

비라는 '영웅'을 뜻한다. 명상에도 적극적으로 활용되는 좌법이며 허리와 척추를 바로 세워 몸과 마음을 정렬하는 동작이다.

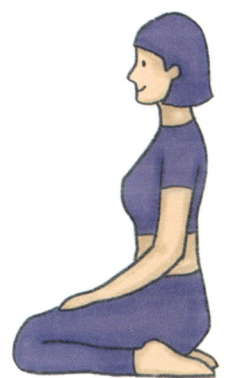

VIRASANA

무릎을 꿇고 앉습니다. 이 때 무릎을 모으고 양 발을 옆으로 벌어 엉덩이는 양 발 사이 바닥에 내려앉습니다. 발등은 바닥에 두어 발목이 바깥으로 꺾이지 않도록 합니다. 무릎이 안 좋다면 무릎을 벌리고 앉습니다. 양 손은 무릎 위에 두고 허리와 척추를 바로 세웁니다. 정면을 바라보며 천천히 호흡합니다.

비달라아사나 · 마르자리아사나 (고양이 기지개 켜는 자세)

고양이가 기지개를 켤 때의 모습을 상상해보자. 그 모습을 떠올린다면 동작을 쉽게 이해할 수 있다. 이 동작은 척추 건강에 좋은 영향을 준다. 굽은 어깨와 등을 펴는 데 도움이 되고 뭉친 근육을 풀어주는 동작이기도 하다. 깊은 호흡과 함께 동작을 취하면 교감신경과 부교감신경이 활성화되어 긴장감과 스트레스 감소에 큰 도움이 된다.

MARJARIASANA

VIDALASANA

기어가는 자세에서 시작합니다. 양 손을 어깨 아래에 두고 무릎은 골반너비로 열어 팔과 다리가 바닥과 수직이 되도록 합니다. 숨을 내쉬며 꼬리뼈부터 천천히 등을 말아 올리고 고개를 숙여 배꼽을 바라봅니다. 숨을 들이마시며 가슴을 끌어올리고 고개를 들어 사선 방향으로 멀리 바라봅니다. 몸의 앞면과 뒷면이 늘어나는 느낌. 허리와 척추의 움직임에 집중하며 5회 반복합니다. 손바닥은 바닥을 밀어내는 느낌을 주도록 하며, 목에는 힘을 빼고 동작을 이어갑니다.

타다아사나 (산자세)

'타다'는 산을 뜻한다. 똑바로 선, 움직이지 않는 산처럼 굳건하고 바르게 서 있는 자세를 말한다. 단순하지만 결코 쉬운 자세가 아니다. 두 다리로 완벽히 균형을 잡는 것부터 어렵기 때문에 자신에 집중하며 몸을 점검 할 수 있는 좋은 자세다.

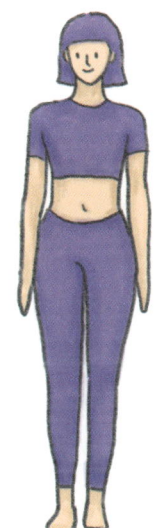

TADASANA

바르게 섭니다. 양 발을 골반 너비로 두고 머리부터 발끝까지 힘을 균등하게 나누어 몸을 바르게 세우도록 노력해봅니다. 가슴은 열고 복부는 당기며 어깨를 내리고 정면의 한곳을 응시합니다. 두 팔은 편안하게 둔부 옆에 내려둡니다. 자신을 "세상 중심에 우뚝 서 있는 산"이라고 생각하며 몸과 마음의 단단함을 느껴봅니다. 호흡하며 유지합니다.

웃카타아사나 (의자자세)

웃카타는 강한, 거친, 고르지 않다는 뜻이다. 이 아사나는 상상의 의자에 앉아 있는 것과 같다. (B.K.S 아헹가, 『요가 디피카』, 현천스님 역, 선요가, 1997, p. 111)

서 있는 자세이기 때문에 발목은 튼튼해지고, 다리 근육 역시 고르게 발달한다. 횡경막이 위로 들려 심장을 부드럽게 마사지해주기도 한다. 집중력이 높아지고, 의지력이 발달되며, 정신적 기능이 활성화가 된다.

UTKATASANA

양 발을 모으고 바르게 섭니다. 두 손은 가슴 앞에서 합장합니다. 숨을 마시며 가슴을 끌어올리고 숨을 내쉬며 엉덩이를 뒤로 빼고 무릎을 굽혀 다리를 아래로 낮춥니다. 이때 무릎이 발끝보다 나오지 않도록 하여 무릎에 무리가 가지 않도록 합니다. 숨을 틀이마시며 합장한 손을 머리 위로 길게 뻗습니다. 정면을 바라보거나 손끝을 바라봅니다. 호흡을 느끼며 유지합니다. 동작에서 나올 때는 숨을 내쉬며 합장한 손을 가슴 앞으로 내리고 마시면서 무릎을 펴 일어섭니다. 합장한 손은 둔부 옆으로 내려 바로 선 자세로 돌아갑니다.

가루다아사나 (독수리자세)

하지정맥, 다리 경련에 도움이 되고 굳은 어깨를 풀어준다. 균형 감각과 집중력을 향상시키기에 좋은 동작이다.

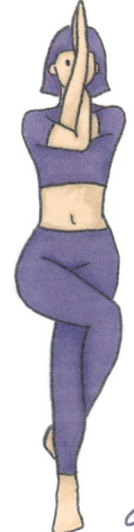

GARUDASANA

선 자세에서 시작합니다. 두 발은 모으고 양 손은 골반 위로 가져갑니다. 무릎은 가볍게 구부려 몸을 낮춥니다. 왼 무릎을 오른쪽 허벅지 위에 올리고 가능하다면 종아리에서 한 번 더 다리를 감습니다. 양 팔을 수평으로 펼쳤다가 오른팔이 왼팔 위로 오도록 양 팔을 가슴 앞에서 교차시키고 팔뚝에서 한 번 더 감아 양 손을 마주합니다. 이 때 귀와 어깨를 멀어지도록 두고 어깨는 수평을 이루도록 합니다. 호흡하며 유지 후 팔과 다리를 풀어주고 골반을 다시 제자리로 보냅니다. 반대쪽도 같은 방법으로 진행합니다.

브륵샤아사나 (나무자세)

다리 근육을 발달시키고 균형감각을 향상시키는 자세다. 한 다리로 균형을 잡아야 하는 점에서 강한 집중력을 필요로 하는 자세이기도 하다. 중심을 잡기 어렵다면 처음에는 벽을 짚고 동작을 취해본다.

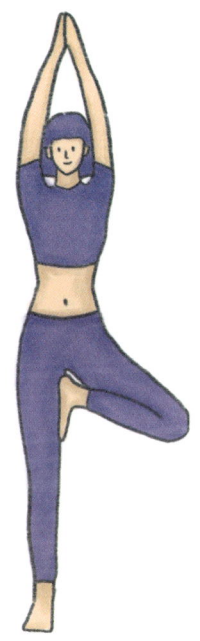

VRKSASANA

양 발을 모으고 바르게 섭니다. 오른손을 수평으로 뻗고 왼손으로 왼쪽 발목을 잡아 오른쪽 허벅지 안쪽에 왼발을 붙입니다. 왼팔도 수평으로 뻗어 중심을 잡은 후 자세가 안정되면 양 팔을 벌려 머리 위에서 합장합니다. 정면을 바라보고 호흡하며 몸에 집중하며 유지합니다. 충분한 유지 후 합장한 손을 가슴 앞으로 내리고 양 손을 골반 위로 가져갑니다. 왼발을 바닥에 내립니다. 지탱했던 오른 다리를 툭툭 털며 다리를 풀어줍니다. 반대쪽도 같은 방법으로 진행합니다.

4

चत्वारि · chatvaari

현주

몸으로 마음을 다스리는 오피스 요가

정현주

코로나19로 세상이 멈추기 시작했을 때, 운명처럼 요가를 만났다. 숨만 제대로 쉴 수 있어도, 예민한 감각들을 달랠 수만 있어도 좋을 것 같다는 바람으로 요가를 시작했는데 어느새 요가를 안내하는 요가 강사가 되었다. 직장인으로 보내는 시간이 아직 더 많지만, 시간이 허락하는 대로 인연이 닿는 대로 요가를 안내할 수 있는 요가 강사로서의 삶을 감사하게 여기며 살고 있다. 나무처럼 단단한 사람이 되고 싶은 5년 차 요기니.

@muwi_mihak

이야기

전혀 괜찮지 않다

2019년 겨울. 코로나19 관련 뉴스를 처음 접했을 때, 영화 〈혹성탈출〉의 마지막 장면이 떠올랐다. 공항에서 피를 토하며 죽어가는 사람들과 전 세계를 향해 퍼지는 바이러스의 경로. 순간 숨이 제대로 쉬어지지 않았다. 질병에 대한 공포, 죽음에 대한 두려움, 그리고 인생에 대한 허망함이 동시에 몰려 왔다. '사람이 재앙이구나. 이렇게 죽을 수도 있겠구나. 내 삶은, 그리고 죽음은 괜찮나?'

사실 그 즈음의 나는 괜찮지 않았다. 늘 괜찮다는 말을 입에 달고 살았지만 전혀 괜찮지 않았다. 답답한 숨, 불면의 밤, 예민한 귀, 일상이 고통이었다. 몸의 고통은 정신력으로 이길 수 있다는 생각은 나의 착각이었다.

극기, 스스로를 이긴다는 말. 그것은 불가능한 목표였

다. 도대체 누가 누구를 이긴다는 말인지, 내가 나를 이길 수는 있는 것인지, 무엇보다 스스로를 이겨서 무엇을 이루겠다는 것인지.

온몸이 보내는 신호를 무시하며 일상을 보내던 어느 날, 드디어 몸이 브레이크를 걸었다. 오른손을 움직일 수가 없었다. 오른쪽 손목을 움직일 수 없을 뿐만 아니라, 오른쪽 어깨부터 팔꿈치, 손가락 끝까지 통증이 이어졌다. 예전에 손목터널증후군을 진단받은 적이 있어 처음에는 가볍게 생각했었다. 그런데 통증은 날로 심해졌고 어느 순간 두려움이 밀려 왔다. '오른손을 못 쓰게 될 수도 있겠구나. 오른손만이 문제가 아니구나. 나…… 이대로 괜찮은 걸까.'

오른손잡이가 오른손을 쓰지 못하게 되니 일상이 엉키기 시작했다. 내 몸 하나 먹고, 씻고, 입는 모든 일상이 힘들어졌고, 어느 순간 집안일은 엄두도 내지 못하게 되었다. 청소와 빨래는 왼손으로 천천히 할 수 있고, 몰아서 해결할 수도 있었지만, 가장 큰 문제는 설거지였다. 왼손으로만 설거지를 하는 것은 불가능했다. 싱크대에는 그릇이 쌓이기 시작했고, 쓸 수 있는 그릇들이 없어질 무렵 먹고 싶은 마음도 사라졌다.

먹고 싶은 마음이 계속 없었다면 좋았을 텐데, 스트레스가 밀려 올 때면 어김없이 허기와 식탐도 함께 몰려왔다. 불면의 밤, 불안한 마음을 폭식으로 채우던 어느 날, 우연히 거실 창에 비친 나의 모습을 보고 충격을 받았다. 구부정하게 굽은 등과 목, 앞으로 한껏 움츠러든 어깨, 좌우 길이가 다른 팔, 잔뜩 나와서 접힌 배. '이게 정말 나인가. 내가 이렇게 망가졌구나. 내가 나를 망치고 있구나.'

살이 찌고, 체형이 변하면서 이전에 입던 옷들을 입을 수가 없었다. 자연스럽게 품이 넓은 옷, 편안한 옷을 찾아 입고 거울은 더 이상 보지 않았다. 하지만, 편한 옷을 입는다고 마음까지 편안해지지는 않았다. 거울을 보지 않는다고 몸의 무게감이 느껴지지 않는 것이 아니었다. 몸이 무거워질수록 마음이 무거워지고, 무거워진 마음은 계속 바닥으로 내려앉았다. '이 바닥의 끝은 어디일까. 바닥이 있을까.'

불면의 밤이 이어지고, 약을 먹고 압박붕대를 감아도 오른손의 통증이 잡히지 않던 어느 날, 요가원에 가 봐야겠다는 생각이 들었다. 가까이에서 꾸준히 요가를 권했던 지인이 있었지만, 몸치인 나에게는 맞지 않는 운동이라고만 생각했다. 지인의 손을 잡고, 요가원의 문을 두드렸다. '그래. 가서 명상이라도 하자. 마음을 좀 다스릴 수 있겠지. 요가원에 가는 동안, 걷기 운동이라도 하자.'

그렇게 시작했다. 요가.
흔들리는 마음을, 둘 데 없이 허망한 마음을 다잡기 위해서.

단순히 운동이 아닌

요가를 시작하기 전에는 요가는 단순히 운동의 한 종류로 알았다. 몸이 유연한 사람들이 하는 운동이거나 매스컴에 나오는 요기들처럼 온몸을 자유자재로 움직일 수 있는 사람들만 할 수 있는 운동 — 소설 〈1Q84〉를 읽기 전에는 정적인 운동이라고 생각했었는데, 소설 속 주인공이 요가를 하는 장면을 읽고 난 뒤에는 동적인 부분도 있나 보다 정도로만 생각했었다. '그래, 가끔 앉아서 명상하는 것도 있겠지. 동작은 못 따라 해도 명상은 배워보자.'

첫 수련의 시작. 이완에서부터 나의 몸과 마음은 요동치기 시작했다. 매트 위에 편하게 누워서 긴장을 풀어야 하는데, 일단 매트 위에 몸을 편하게 눕힐 수가 없었다. 천장을 보고 바로 눕는 것이 이렇게 힘든 일이었던가. 매트에 닿는 등 부위도 좌우가 다르고, 등은 물론 허리의 통증까지 몰려왔다. 오른손만이 문제가 아니었다. 몸의 좌우, 상체와 하체의 균형이 맞지 않았다. '아니, 시작부터 못 하는 거야? 여기서 그냥 그만 둘까? 수업 시작했으니 나갈 수도 없고, 나 보고 다 웃는 거 아냐? 아, 어떡해.'

첫 수련의 끝. 시작과는 다르게, 매트 위에 눕는 순간이 정말 평온했다. 아니, 너무 힘들어서 매트에 눕는 순산 손과 발의 힘이 풀리고, 온몸의 긴장이 풀렸다. 그 동안 느끼지 못했던 관절과 근육이 생생하게 느껴졌다. 오랜만에 느껴보는 생생한 통증이었다. 그리고 깊게 쉬어지는 숨. 이제야 〈1Q84〉 속 아오마메의 모습이 이해가 되었다. 요가는 정적인 운동이 아니었다. 무엇보다 운동이라고만 말할 수 없는, 몸과 마음을 이어주는 수련의 하나였다. '아, 아직 살아 있구나. 이렇게 깊게 숨 쉴 수 있구나.'

그렇게 시작했다. 요가.
숨 쉬고 싶어서. 제대로 잘.

비로소 밤

학교 다닐 때, 체육 시간을 제외하고는 운동을 따로 해본 적이 없다. 운동하는 데 비용과 시간을 내고 싶지 않았고, 사람들이 많은 곳에서 몸을 움직이고 싶지 않았다. 무엇보다 운동센터에서 틀어놓는 빠른 속도, 큰 음량의 음악 소리를 견뎌낼 자신이 없었다. 당시의 나는, 통제할 수 없는 소리들을 힘겹게 견디는 나날을 보내고 있었다.

출·퇴근 시간에 이용하는 지하철이나 버스의 기계음, 옆에 선 탑승객의 통화 소리, 이어폰 밖으로 흘러나오는 음악 소리, 업무 시간에 울리는 전화와 온갖 메신저의 알림 소리, 귀가 후 들리는 층간소음, 관리사무소의 공지방송, 경비실의 인터폰, 집 밖에서 들어오는 소리들. 소리가 아니라 소음으로 들리는 모든 소리에 깜짝 놀라기 일쑤였다.

내가 선택할 수 있는 소리인 TV나 음악을 켜는 것도 한계가 있었다. 모든 것이 소음으로 들리는 나날이었다. 사실 통제할 수 없는 소리들은 외부에서만 오는 것이 아니었다. 내면에서도 끊임없이 울리는 소리들에 불면의 밤은 깊고 길어졌다.

수련하러 가는 시간, 수련 후의 평온함이 조금씩 익숙해지던 어느 날, 눈이 살포시 내린 어느 겨울의 새벽을 기억한다. 어제인 듯 생생하게 떠오르는 그날의 감각.

자던 중에 가슴 통증으로 벌떡 일어난 밤이었다. 가슴뼈가 벌어지면 이런 느낌일까 싶은 통증. 다시 잠이 오지 않아서 베란다에 나갔을 때, 눈이 내리고 있었다. 살포시 내려앉는 눈꽃들이 괜찮다고 말하는 것 같았다. 괜찮다. 괜찮다. 괜찮다……. 베란다 한쪽에 눈을 감고 앉았을 때, 비로소 밤이 왔다. 짙은 어둠, 깊은 고요. 오롯이 혼자인 느낌, 그 온전함. '좋다. 이 짙은 어둠. 비로소 밤이구나.'

그렇게 하고 있다. 요가.
오롯이 혼자이고 싶어서. 온전해 지고 싶어서.

마음은 몸으로 다스린다

    요가교육사 과정을 시작하고 교재를 받은 날, 『요가수트라』를 받아 들고서 한참을 미동 없이 바라봤다. 띠지에 적힌 문장이 마음에 와 박혔다. "마음은 몸으로 다스린다." '그래. 둘 데 없는 마음을 몸으로 잡아 둬야겠다. 그동안은 마음으로 몸을 움직이며 살았으니, 이제는 몸으로 마음을 다스리며 살아봐야겠다.'

몸과 마음이 연결되어 있음을
그래서 몸과 마음 모두를 잘 살피며 살아야 함을
잘 알고 있다고 생각했다.

하지만, 이제 안다.
알고 있다고 착각하며 살았다는 것을.
몸도 마음도 제대로 알지 못하고,
잘 살피지 못하고 살았다.

남은 생은, 남은 나날은
몸도 마음도 제대로 알고 잘 살피며 살고자 한다.

비록 여전히
마음은 무시로 날뛰고,
몸은 수시로 식탐에 무너진다.

그래도,
매순간 날뛰는 마음과
무너지는 몸을 보아낼 힘이 생겼다.

그리고
다시 제자리로 불러올 힘도.
'자, 이제 돌아와. 네 중심 자리로.'

그렇게 하고 싶다. 요가.
매순간 깨어서. 중심 자리를 잃지 않고.

아사나

출근했지만 퇴근하고 싶다! 몸으로 마음을 다스리는 오피스요가

[영상으로 만나기]

① 업무 시작 전 몸과 마음 바로 세우기 <걸터앉기>

책상 앞에서 일하는 경우, 대부분 양쪽 어깨가 앞으로 쏠려 있거나 턱을 앞으로 내밀고 있는 경우가 많다. 일을 시작하기 전에 몸을 바로 세우면서 마음을 다잡아본다.

의자 깊숙이 둔부를 밀어 넣고, 등과 허리를 바르게 세우고 앉습니다. 등받이에 기대지 않고, 두 발이 바닥에 닿는 위치까지 둔부를 밀어 넣고 앉습니다. 양 무릎은 골반 너비로 열고, 척추를 곧게 세웁니다. 어깨의 긴장을 풀고, 턱을 가볍게 당겨서 목의 뒷면을 폅니다. 숨을 2~3회 깊게 마시고 내쉽니다. 두 다리를 어깨 너비보다 넓게 열고, 오른쪽 다리를 굽혀서 오른발을 의자 위로 올립니다. 편안하게 호흡합니다. 호흡이 편안해 지면, 왼쪽 다리도 반복합니다.

② 업무를 보면서 <손가락 & 손목 풀기>

글쓰기나 타이핑 등으로 손가락과 손목에 피로가 쌓이는 경우가 있다. 일을 진행하는 틈틈이 가벼운 움직임으로 손가락과 손목, 팔뚝의 긴장과 피로를 푼다.

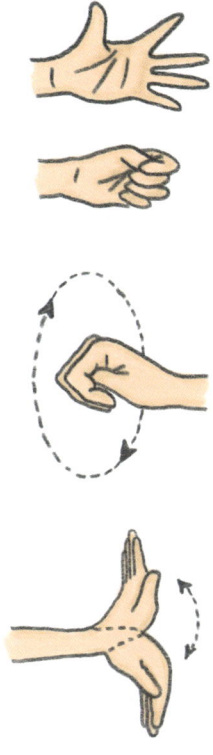

　걸터앉기 자세로 앉습니다. 두 팔을 어깨높이로 올리고, 손바닥을 아래로 해서 손가락을 가능한 넓게 벌립니다. 양 손의 엄지손가락을 안쪽으로 말아 넣고 주먹을 꽉 쥡니다. 주먹을 시계방향으로 천천히 회전합니다. 팔과 팔꿈치는 굽히지 않고 곧게 뻗은 채 손목만 움직입니다. 8~10회 천천히 회전하고, 반시계방향으로도 진행합니다. 새끼손가락부터 한 손가락씩 펴내고, 손가락을 쫙 펼칩니다. 마시는 숨에 손가락을 펼친 채 손끝을 천장으로 올리고, 손바닥을 앞으로 밀어냅니다. 내쉬는 숨에 손가락을 모으며 손끝을 바닥으로 내리고, 손등을 앞으로 밀어냅니다. 8~10회 천천히 반복합니다.

③ 일을 잠시 멈추고(1) <어깨 풀기>

모니터의 위치, 자주 사용하는 손의 방향에 따라 어깨의 좌우 높이가 다르거나 어깨 주위의 근육이 긴장되어 있는 경우가 있다. 일을 잠시 멈추고 어깨의 긴장과 피로를 푼다.

편한 자세로 앉습니다. 두 손을 양쪽 어깨에 올리고 팔꿈치는 아래로 내려서 가슴 앞에서 모읍니다. 어깨가 위로 들리지 않도록 아래로 내립니다. 마시는 숨에 팔꿈치를 들어 올립니다. 귀를 스칠 때까지 높게 들어 올립니다. 내쉬는 숨에 팔꿈치를 뒤로 넘기며 팔꿈치로 큰 원을 그리듯이 내립니다. 같은 동작을 3~5회 반복합니다. 마시는 숨에 팔꿈치를 뒤로 회전하며 들어 올리고, 내쉬는 숨에 팔꿈치를 앞으로 내립니다. 3~5회 반복합니다.

④ 일을 잠시 멈추고(2) <발가락과 발목 풀기>

두 발을 골반너비로 열고 바르게 섭니다. 발바닥 전체에 체중을 고르게 싣고, 척추를 곧게 세웁니다. 어깨의 긴장을 풀고, 팔은 자연스럽게 아래쪽으로 내리고 손끝은 가볍게 모아줍니다. (이하 다리 벌린 타다 아사나) 마시는 숨에 왼쪽 무릎을 굽히며 왼발 뒤꿈치를 위로 들어 올렸다가 내쉬는 숨에 천천히 바닥으로 내립니다. 왼발을 한 발 앞쪽으로 옮기고, 마시는 숨에 왼발 앞부분을 들어 올렸다가 내쉬는 숨에 바닥으로 내려놓습니다. 두 발을 어깨너비로 열고, 마시는 숨에 왼쪽 발가락만 위로 들어 올렸다가 내쉬는 숨에 천천히 내립니다. 마시는 숨에 왼쪽 엄지발가락으로 바닥을 누르면서 나머지 발가락을 위로 들어 올렸다가 내쉬는 숨에 천천히 바닥으로 내립니다. (오른쪽도 같은 순서로 진행)

⑤ 나른해질 때 몸과 마음 정렬하기 <타다아사나 (산자세)>

　의자에 오래 앉아 있다 보면, 몸과 마음이 나른해지고 기운이 달릴 때가 있다. 타다아사나로 몸과 마음을 바르게 정렬하고, 웃카타아사나와 웃티타 트리코나아사나로 팔과 다리에 힘을 기르고 몸의 옆선을 충분히 늘여본다. 전신을 움직이는 동작으로 나른해졌던 몸과 마음에 활력을 불러올 수 있을 것이다.

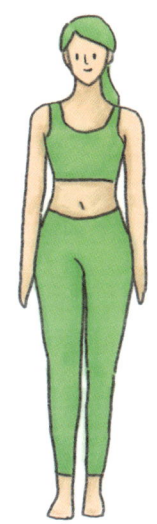

TADASANA

③의 어깨 풀기, ④의 발가락과 발목 풀기 동작으로 몸을 가볍게 푼 뒤에 동작을 이어갑니다. 두 발을 모으고 바르게 섭니다. 발바닥 전체에 체중을 고르게 두고, 척추를 곧게 세웁니다. 가능하면 무릎을 모으고, 양쪽 다리의 안쪽을 최대한 붙입니다. 어깨의 긴장을 풀고, 팔은 자연스럽게 아래쪽으로 내리고 손끝은 가볍게 모아줍니다. 시선은 정면을 바라봅니다. 엉덩이가 뒤로 빠지거나 배가 앞으로 나오지 않도록 아랫배에 힘을 줍니다.

⑥ 몸과 마음에 활력을 불러오기(1) <웃카타아사나 (의자자세)>

UTKATASANA

　　두 발을 모으고 바르게 섭니다. 마시는 숨에 양 손을 머리 위로 뻗어서 손바닥끼리 붙이고, 양 팔은 귀 옆에 붙입니다. 내쉬는 숨에 무릎을 굽혀서 허벅지가 바닥과 평행 될 때 멈춥니다. 양 손 끝은 천장으로 높게 뻗어 올리고, 시선은 정면을 바라봅니다. 상체를 세우고, 양쪽 무릎이 바깥으로 벌어지지 않도록 다리 안쪽에 힘을 줍니다. 호흡하며 자세를 잠시 유지하다가 마시는 숨에 천천히 무릎을 펴며 돌아오고, 내쉬는 숨에 양 손을 아래로 내립니다.

⑦ 몸과 마음에 활력을 불러오기(2)
<웃티타 트리코나아사나 (위로 뻗은 삼각자세)>

두 발을 양 옆으로 넓게 벌리고 섭니다. (어깨너비 두 배, 또는 1미터 정도) 왼발은 왼쪽으로 90도 돌리고, 오른발은 발 안쪽으로 45도 돌립니다. 상체와 고개는 정면을 향하고, 양 팔은 좌우 수평으로 뻗습니다. 마시는 숨에 가슴을 위로 들어 올리고, 내쉬는 숨에 왼 무릎을 굽히며 상체를 왼쪽으로 기울여서 왼손으로 왼발 안쪽 바닥을 짚고 오른팔은 천정으로 곧게 뻗어 냅니다. 마시는 숨에 왼 무릎을 펴고, 고개 돌려 정면 또는 오른손 끝을 봅니다. 호흡하며 잠시 유지합니다. 내쉬는 숨에 왼 무릎을 굽히고, 마시는 숨에 오른손으로 견인하듯 상체를 끌어 올리고 왼 무릎을 펴며 처음 자세로 돌아옵니다. (오른쪽도 같은 순서로 진행)

⑧ 집중력이 떨어질 때 집중력 기르기 <야자나무자세>

일상에서 발가락과 발목을 의식적으로 움직이는 경우가 거의 없다. 체형이나 생활 습관에 따라 다르겠지만, 대부분 발의 바깥 측면에 힘이 실려 있거나 한쪽으로 기울어져 있는 경우가 많다. 발끝, 발바닥 전체에 힘을 실어보며 균형감각을 기르고, 중심을 잡는 동작을 통해 집중력을 길러보자.

⑤의 타다아사나, 또는 두 발을 골반너비로 열고 바르게 섭니다. 가슴 앞에 두 손 깍지를 끼고, 마시는 숨에 두 발뒤꿈치를 들어 올려 발끝으로 중심을 잡아보고 내쉬는 숨에 발뒤꿈치를 바닥으로 내립니다. 2~3회 반복하면서 두 발에 몸의 무게를 골고루 실어봅니다. 마시는 숨에 깍지 낀 손을 천장으로 밀어 올리고 손바닥이 천장을 향합니다. 내쉬는 숨에 어깨의 긴장을 풉니다. 마시는 숨에 두 발뒤꿈치를 동시에 올리고 최대한 유지합니다. 중심이 흔들릴 경우 한 발씩 움직이며 발끝으로 중심을 잡습니다. 내쉬는 숨에 천천히 발뒤꿈치를 바닥으로 내립니다.

⑨ 끝없이 울리는 메신저와 전화에 흔들린 몸과 마음 다잡기
<브륵샤아사나 (나무자세)>

일을 하다보면, 끝없이 울리는 메신저와 전화에 심신이 흔들릴 때가 있다. 계획했던 일의 순서가 바뀌거나 예상하지 못했던 메시지에 기운이 빠질 때도 있다. 브륵샤아사나를 하며 한 곳에 시선을 집중한다. 흔들리지 않고 바로 선 몸이 마음도 다잡아 줄 것이다.

VRKSASANA

두 발을 모으고 바르게 섭니다. 왼손을 옆으로 펴고, 오른발을 들어 올려서 오른손으로 오른 발목을 잡고 오른 발바닥을 왼쪽 허벅지 안쪽에 붙입니다. 가능하면 발뒤꿈치를 회음부 가까이에 두고, 어렵다면 왼쪽 다리 안쪽 가능한 곳에 붙입니다. 중심 잡기가 어렵다면, 왼쪽 발등에 오른발을 올립니다. 오른손을 옆으로 펴서 양 팔을 좌우 수평으로 만듭니다. 상체는 바르게 세우고, 시선은 정면을 바라봅니다. 양 손을 가슴 앞에서 합장하며 균형을 잡습니다. 중심이 잡히면, 마시는 숨에 양 손을 천장으로 높게 뻗어 올립니다. 호흡하며 잠시 유지하다가 내쉬는 숨에 양 손을 가슴 앞으로 내리고, 천천히 오른발을 내려 두 발을 모으고 바로 섭니다. (왼쪽도 같은 순서로 진행)

5
पञ्च · pancha

지나

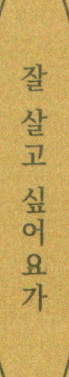

잘 살고 싶어요가

신지나

일이 늘 먼저였던 삶에 비상 신호가 켜졌고, 요가를 만나고 몸도 마음도 정신도 건강을 되찾았다. 더 기적 같은 일은 기다려도 오지 않던 아기를 만나게 된 것. 태교-출산-육아까지 요가는 이제 우리 가족의 중요한 삶의 지표가 되어 준다.
신랑과 아기까지 함께 하는 건강한 가족 요가문화를 만들어가고 싶다.

@yogini_sinna

PARIGHASANA

이야기

여자 나이 마흔

내 나이 마흔.

꺾임의 무게가 느껴지기 시작했다. '예전엔 안 그랬는데…'라는 말을 자주하기 시작했고, '열심히 살아 뭐하나…'라는 생각들이 스멀스멀 찾아왔다. 나이를 받아들여야 하는데, 마음은 아등바등 허우적거린다. 아직은 팔팔하다고!

25살부터 일을 시작해 한 번도 쉰 적 없이 달렸더니, 결국 탈이 났고, 수술대 위에 올랐어야 했다. 한편으로 다행인 건 죽을 병은 아니었다는 것이다. 신이 내게 뒤통수를 쳐주는 기분이었다. '이 자식아! 제대로 잘 좀 살아!'. '저는 그냥 잘 살고 싶었을 뿐이에요.'

이젠 건강을 더 신경 써야 할 나이라는 걸 무시하고 지냈었다. 몸이 건강해야 정신도 건강해진다는 걸 이제야 알았다. 내 나이 마흔에. 이제는 건강하게 잘 살아야 하지 않을까? 너덜너덜해진 몸뚱어리를 가지고 뭐부터 시작해야 할지 막막했다. 요즘 유행하는 골프? 테니스? 어지간히 돈이 좀 들 것 같아 패스! 그럼, 러닝이나 헬스? 나 같은 작심이일짜리는 턱도 없다. 시작하면 바로 끝날 것 같다. 요리조리 피해가야 할 이유들이 해야 할 이유보다 많아지니, 오늘은 일단 잠부터 자야겠다고 드러눕는다. 이 게으름은 뭐지? 그렇게 며칠, 몇 주가 지나가면 난 또 아프려나? 분명 난 뒤통수를 맞았는데, 그래 다시 생각해보자. 마음을 가다듬고 내 정신머리도 같이 건강해지는 방법을 찾아 나섰다. 복잡한 머릿속을, 답답한 마음을 해소하고, 재미까지 있는 그 완벽한······. 무엇은 없다. 갑상선 수술 후라 격한 운동은 안 되었고, 회사와 집의 거리 안에 있어야 했고, 명상하듯이 머릿속이 같이 편안했으면 하는 무엇이 필요했다. 요가는 어떨까? 몸매를 만들어서 가야하는 그런 요가 말고, 가장 편한 차림에 화려하지 않은 편안한 공간에서 내가 할 수 있을 만큼만 해도 눈치 받지 않을 그런 운동.

    그렇게 시작했다. 요가.

노산

결혼 5년차.

둘 사이는 연애의 연장으로 아주아주 잘 지내고 있다. 둘도 좋지만 우린 셋을 선택하기로 했다. 그런데... 쉽지 않다. 아니 매우 어렵다. 결혼 3년 차 쯤부터 부단히 노력을 해 봤으나, 마음과 계획만으로는 되는 것이 아니었다. 스트레스가 쌓여가고 있었다. 둘 사이는 문제가 없지만 문제가 있다.

한번 뿐인 인생에서 나는 우리 둘 사이의 '아이'를 만날 수 있을지 없을지 궁금하고 설레고 두려웠다. 하지만 나이가 적지 않으니 더 늦으면 안 되겠다 싶었고, 제대로 노력해 보지 않는다면 노산도 할 수 없을 시기가 왔을 때 내 인생을 후회할 것 같았다. 잘 살고 싶었다.

아이는 우리가 선택해서 만날 수 있는 존재가 아니다. 반대로 선택되어지는 영광이다. 우리는 선택되어지기 위해 준비를 해 나갔다. 난임 전문 병원에 함께 가서 검진을 받았고 신체적인 문제는 없다는 결과를 받고 먼저 우리가 더욱 건강해지기에 도전했다. 짝꿍은 —신랑이란 말이 아직도 어색하다. 신랑이라고 하면 난 각시가 될 거 같아서 잘 안 쓴다— 일이 끝나고 동네에서 저녁 러닝을 시작했고, 난 요가를 선택했다.

그렇게 시작했다. 요가.

동네에서 만나는 유모차를 가지고 다니는 모습은 그냥

아주 평범한 일상 풍경이었다. 그런데 그 평범함이 나에게는 주어지지 않은 '특별'이었다. 2년을 노력해도 안 생겼는데, 4개월 차 요가 수련 중에 자연 임신! 드디어, 아이가 우릴 선택해 주었다. 마흔이 인생의 시작이 되었다. 콩알만 한데 심장이 있어 콩닥콩닥 뛰는 소리를 들었을 땐, 우주를 넘어 세상 저편의 소리를 들은 기분이었다. 요가를 해서 아이가 생겼다는, 근거는 없지만, 요가가 분명 큰 도움이 된 건 명명백백 사실이다. 배가 불러오는 임신 기간에도 요가를 계속했다. 뱃속의 아기도 내가 받은 요가의 편안함을 느끼게 해주고 싶었다. '건강하게 만나자 아가야!'

출산에서 가장 중요하다는 호흡. 요가하면서 습관이 되어버린 복식 호흡이 딱 그 출산 호흡과 관련이 있었다. 덕분에 자연분만! 3.82kg의 든든한 녀석이 나왔다. 산부인과 선생님은 나더러 둘째도 낳으라며 출산 후 며칠 뒤에 진심으로 권유했다. 맙소사! 제대로 걷기도 힘든 지금, 둘째라니! 출산에 방해될 조건들에 비해 말 그대로 순풍~! 잘 나왔다는 의미로만 받아들였다. 노산이란 높은 산을 넘은 기분이다.

아이가 태어난 지 30여개월이 지난 요즘. 아이의 자세에서 요가를 발견하고는 깜짝깜짝 놀란다. 아이의 유연함이 모든 자세를 소화하는 것 같다. 요가 태교가 영향이 간 걸까? 이이랑 놀 때는 같이 요가 자세를 만들어보고는 한다.

마흔이 되고 출산을 하면서 새로운 세상을 만났다.

잘 살고 싶어서 요가를 시작했다.

지금?

세상이 변하지는 않았는데 새로운 세상을 만난 나는 잘 살아가고 있는 것 같다.

잘살아 요가.

잘 살고 싶어요가

#아사나

1) 아이를 만나기 위한 준비, 산전요가
2) 엄마이지만 나로서도 당당해지는, 산후요가

_____

아이를 만나기 위한 준비, 산전요가

[영상으로 만나기]

콩알이 콩닥콩닥! 내 배속에서 콩알만한 존재의 발견과 함께 시작한 산전 준비 요가를 나누고자 한다. 무엇보다 몸의 변화가 많은 시기이기도 하고, 개인에 따라 매우 다른 컨디션이기에 반드시 본인의 상태에 맞게 진행해야 한다.

  임신 초기에는 안정을 취할 수 있도록 호흡법과 명상을 추천한다. 안정기가 되고 난 후에는 가벼운 요가 자세로 순환을 돕고 건강한 출산을 위한 자세들로 수련한다. 나의 경우는 마흔 노산에 아기가 큰 편이라 제왕절개술을 고려하였다가, 위험하지만 않다면 아이와 나의 고귀한 경험이라 판단해 자연분만을 선택해 출산했다. 무서웠지만 요가 호흡법과 꾸준한 산전 요가가 도움이 되었기에 감히 추천해 본다. 아이가 내 품에 처음 안길 때 그 따뜻한 온기의 감동은 여전히 생생하다. 아니 평생 생생할 기억이나.

말라아사나 (화환자세)

이미지: 화환

효과: 척추 이완, 골반 확장 및 틀어짐 교정, 배변활동 촉진, 하체 비만 예방, 스트레스 해소, 집중력 향상, 무릎과 발목의 유연성 회복

말라(Mala)는 목걸이 모양의 '화환'을 의미한다.

MALASANA

바닥에 쪼그려 앉습니다. 발바닥 전체, 즉 발뒤꿈치까지 완전히 바닥에 닿게 합니다. 양 손 가슴 앞에서 합장합니다. 팔꿈치를 무릎 안쪽에 두고 엄지손가락끼리 걸어 잡고 명치 가까이로 당겨옵니다. 숨을 마시면서 가슴을 끌어올리고 팔꿈치로 무릎 안쪽을 밀어냅니다. 숨을 내쉴 때는 숨을 다 빼내고 숨 끝에 괄약근을 꽉 조여 줍니다. 고르게 호흡하면서 약 20초간 유지한 다음 자세를 풉니다.

우스트라아사나 (낙타자세)

이미지 : 낙타

효과 : 소화기계와 생식기계 건강에 효과적인 자세. 위와 장을 늘려주고 변비 완화. 등의 통증, 요통, 굽은 등, 굽은 어깨 완화. 목의 앞면이 완전히 늘어나서 이 부위의 기관을 정상화하고 갑상선을 조절한다.

USTRASANA

    무릎을 꿇고 앉았다가 무릎으로 섭니다. 다리의 간격은 골반너비로 열어 두고 발등 바닥에 내립니다. 양 손을 허리에 받치고 서서히 골반을 내밀며 상체를 뒤로 젖혀 한 손 한 손 발뒤꿈치를 잡습니다. 골반을 조금 더 앞으로 밀어내며 가슴을 끌어올려 고개 뒤로 젖힙니다. 허벅지가 수직이 되게 하고 머리와 척추를 가능한 크게 후굴합니다. 발등을 바닥에 두고 뒤꿈치를 잡는 것이 어렵다면 발끝을 세우고 뒤꿈치를 잡습니다. 팔은 등이 아치를 유지하도록 어깨를 지탱합니다. 자세가 완성되었다면 호흡하며 유지합니다. 돌아올 때는 뒤꿈치에서 한 손 한 손 떼어내며 양 손 허리를 받치고 상체와 고개 제자리로 돌아옵니다.

파리가아사나 (빗장자세)

이미지: 빗장, 열린 문, 새로운 기획

효과: 몸의 정렬, 척추 경직을 해소, 골반의 혈액순환에 도움, 허리, 허벅지, 종아리의 지방 감소, 유방암 예방, 폐 건강, 어깨 열기

파리가(Parigha)는 대문을 잠그기 위해 사용하는 '들보'나 '빗장'을 의미한다.

PARIGHASANA

무릎을 꿇고 앉습니다. 무릎의 넓이는 골반너비로 열어둡니다. 천천히 엉덩이를 들어 무릎으로 섭니다. 척추는 바로 세웁니다. 오른 넓적다리를 바닥과 수직으로 세우고 왼 다리 옆으로 곧게 뻗어 오른 무릎과 왼발 뒤꿈치를 한 선에 둡니다. 발가락까지 왼쪽을 향하고 발바닥 전체를 바닥에 둡니다. 숨을 마시면서 양 팔을 수평으로 뻗고 숨을 내쉬면서 몸을 왼쪽으로 기울여 왼손은 다리 위에 올리고 오른팔은 귀 옆으로 뻗어 손끝 멀리 밀어냅니다. 시선은 자연스럽게 천장을 향합니다. 골반과 상체 정면을 향한 상태에서, 그대로 왼쪽 겨드랑이를 수축하며 상체를 왼쪽으로 내리는데 골반이 너무 뒤로 또는 앞으로 빠지지 않도록 합니다.

받다 코나아사나 (나비자세)

이미지: 나비, 구두수선공이 앉아 있는 모습

효과: 골반과 복부에 충분한 혈액을 공급. 임산부가 매일 몇 분간 이 자세로 앉아 있으면 순산이 쉬워지며 정맥의 흐름이 자유로워진다.

BADDHA KONASANA

다리를 뻗고 앉은 자세에서 양 발바닥을 붙여 뒤꿈치를 회음부 가까이 당겨옵니다. 넓적다리는 벌리고 무릎을 마루에 닿을 때까지 낮춥니다. 양 손으로 깍지를 껴 발끝이나 발 바깥날을 잡습니다. 척추를 바로 세우고 시선은 정면이나 코끝을 바라봅니다. 이제 숨을 내쉬며 가슴을 앞으로 내밀면서 상체를 앞으로 숙입니다. 이마, 코, 마지막에 턱을 바닥에 내립니다. 호흡과 함께 유지합니다. 돌아올 때는 숨을 들이마시며 상체를 들어 올리고 발을 풀어 다리를 뻗고 긴장을 풀어줍니다.

엄마이지만 나로서도 당당해지는, 산후요가

[영상으로 만나기]

출산을 하고 나면 골인(?!)인줄 알면 착각이다. 사실 임신부터 출산, 그리고 출산에서 육아로 이어지는 끝없는 마라톤의 시작이다. 모든 엄마들이 다 위대해 보이고, 나만 이렇게 힘든가 싶어 우울증이 오기도 하는, 멘탈이 블랙홀에 빠지는 시기이다. 몸의 변화는 더하다. 늘어진 배와 가슴, 희한하게 몸무게는 아기가 나와도 약 10여kg은 잔재해 있다. 이 모든 변화의 태풍 속에서도 잘 살아가는 방법을 찾고 있는 스스로를 먼저 칭찬해 보자. 엄마이지만 나로서도 당당해지는 방법은 기력을 찾고 몸의 회복을 위해 운동을 하는 것이 가장 좋은 방법일 것이다. 나의 경우는 아기가 약 6개월이 되기 전까지는 기력을 찾는 것에 집중하였다. 그리고 6개월 이후부터는 가벼운 걷기로 시작해서 요가 수련은 출산 후 10개월부터 시작했다. 집에서 수련할 때는 아이랑 함께하면 더 재미있다. 아이의 유연함에 깜짝 놀라기도 하고 반대로 내가 배울 수도 있다.

고무카아사나 (소머리자세)

이미지: 황금 암소, 여신

효과: 골반교정, 고관절 엉덩이 근육 풀기, 어깨 열기

고(Go)는 '암소'를, 무카(Muka)는 '얼굴'을 의미한다. 자세의 모양이 소의 얼굴과 비슷하여 붙여진 이름이다. 산후 3주 이후부터 천천히 시도해본다.

GOMUKHASANA

무릎을 세워 앉습니다. 오른발을 왼다리 아래로 집어넣고 왼다리를 그 위에 올려 양 무릎을 포개어 놓습니다. 엉덩이를 블썩 들었다 내려앉아 양 무릎을 조금 더 가깝게 포개어 놓습니다. 오른팔을 들어 올려 등 뒤로 보내고 왼팔은 아래로 보내 등 뒤에서 양 손을 걸어 잡습니다. 마시는 숨에 허리 바로 세우고 내쉬는 숨에 상체 아래로 내려갑니다. 호흡하며 유지합니다. 마시는 숨에 상체 일으켜 올라오고 내쉬는 숨에 팔과 다리 풀어놓습니다.

팔과 다리를 바꿔 반복합니다.

가루다아사나 (독수리자세)

이미지: 독수리, 왕, 힘, 승리, 통찰력

효과: 발목을 강화시키고 굳은 어깨를 풀어주며 복부 비만을 줄여주는 동작.

이 자세는 양 다리를 꼬아 한쪽 다리로 선 채 유지하는 자세이기 때문에 상당한 정신 집중과 균형 감각이 필요하다. 몸 상태에 따라 산후 한 달 이후부터 시도해본다.

가루다(Garuda)는 새들의 왕이고 비슈누가 타고 다니는 새 독수리이다.

"갈빗대는 몸의 날개다. 날개를 펼쳐라"

_B.S.K. 아헹가

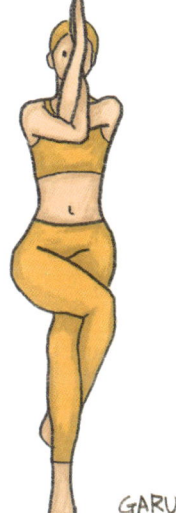

GARUDASANA

양 발을 모으고 섭니다. 양 손은 골반 옆에 두고 엉덩이를 뒤로 빼 무릎을 살짝 굽힙니다. 위쪽 무릎을 오른쪽 무릎 위에 올리고 가능하다면 발목을 종아리에서 한 번 더 감습니다. 이제 양 팔을 수평으로 뻗습니다. 오른팔이 왼팔 위에 오도록 양 팔을 교차하고 팔뚝 세워 손목을 한 번 더 교차해 양 손 바닥을 서로 마주합니다. 몸에 집중하여 균형을 잡고 호흡하며 잠시 유지합니다.

반대쪽도 같은 방법으로 진행합니다. (오른 무릎을 위로 할 때는 왼팔이 위로 가도록 양 팔을 교차합니다.)

바시스타아사나(옆 널빤지자세, 사이드 플랭크)

효과: 팔, 손목, 복부의 근육을 강화하여 늘어진 복부에 탄력을 찾아준다.
산후 100일 이후부터 시도한다.

인도의 현인(賢인) 바시스타에게 헌정하는 자세.

VASISTHASANA

 기어가는 자세에서 시작합니다. 왼다리를 뒤로 뻗어 발끝을 당겨 세워놓고 오른다리를 뒤로 뻗어 왼다리 옆에 모아둡니다. 엉덩이는 아래로 내려서 몸의 뒷면이 일직선이 되도록 합니다. 숨을 마시면서 왼발을 오른발 옆으로 보내고 왼손을 들어 시선은 왼손 끝을 바라보도록 합니다. 가능하다면 왼발을 들어 오른발 위에 나란히 올려놓습니다. 오른손 바닥과 오른발 바깥날로 바닥을 눌러주며 몸의 측면을 들어 올립니다. 고른 호흡을 이어가고 반대쪽도 반복합니다.

사람바 시르사아사나 (물구나무서기)

이미지: 뒤집힘, 내 뿌리를 위한 공간.

효과: 아사나의 왕으로 일컬어지는 물구나무서기 자세는 완벽히 체득한다면 몸과 마음의 균형과 안정을 얻을 수 있다. 산후 100일 이후부터 시도해본다.

"당신이 바닥에 자리를 펼 때 이원성은 존재하지 않는다. 바닥으로 머리를 낮출 때도 이원성은 존재하지 않는다. 그러나 바닥에서 두 발을 들어 올리는 순간 당신은 '나'의 정체를 경험한다. 그것을 취하여 통일성을 유지하라. 그것은 자세가 유지되는 동안 존속되어야 할 전체의식이다."

B.K.S. 아헹가

SIRSASANA

기어가는 자세를 취합니다. 양 손은 어깨 아래에 두고 무릎은 모아줍니다. 팔꿈치를 양 손이 놓인 자리로 내리고 양 손을 깍지 낍니다. 이때 가장 아래에 있는 새끼손가락은 손 안쪽으로 넣어서 바닥을 안정적으로 지지할 수 있도록 합니다. 이제 정수리를 바닥에 내려 손바닥이 뒤통수를 감싸도록 합니다.

발끝을 당겨 세워놓습니다. 숨을 마시면서 무릎을 펴고 엉덩이를 높이 들어 올립니다. 팔꿈치로는 바닥을 밀어내며 한 걸음 한 걸음 얼굴 쪽으로 걸어갑니다. 양 발이 바닥에서 뜨기 시작하면 천천히 다리를 들어 올립니다. 다리가 바닥과 수직이 되고 허리를 곧게 펴면 온 몸의 무게는 팔과 머리로 쏠리게 됩니다.

머리를 땅에 둔 채 몸이 주는 느낌에 집중하며 호흡과 힘께 유지합니다.

6

षट् · shat

아희

해방요가

정아희

결혼하고 아이들 키우며 15년. 운동과의 거리는 455km.
좀처럼 좁혀지지 않던 그 거리를 요가를 통해 조금씩 좁혀가는 중이다. 주변을 의식하지 않고 온전히 나에게 집중하는 요가의 매력에 빠져 이제는 요가와 뗄 수가 없는 지경이 되었다.
현재 시니어 전문 요가강사로 활동 중이다.
워낙 뻣뻣한 몸으로, 불편해 봤기에, 아파봤기에, 그러한 경험을 바탕으로 요가를 처음 접하거나 요가를 어려워하는 분들과 공감하며 수련을 함께 나눌 수 있음에 감사한다.

ADHO MUKHA SVANASANA

이야기

시작은 미약하나

나는 딸 부잣집에서 태어나 운동이란 걸 제대로 해본 적이 단 한 번도 없다. 행여나 다칠까 우리 집엔 자전거 한 대 없었고 그 흔한 태권도, 수영 한 번 배우지 못하고 유년시절을 보냈다. 그때는 나뿐만 아니라 모두가 그랬던 시절이었거니 한다.

21세기가 되어 나는 드디어 용돈을 모아 헬스장도 가보고 자전거도 사보고 요가도 다녀보았지만 한두 번 나가기가 일쑤였고, 큰 아이를 출산하고는 진화된 모습으로 PT라는 것도 받아보았지만 그것 또한 아이를 핑계로 포기했던 것 같다. 그럼에도 불구하고 '내 팔자에 운동이란 없는 거야!'라고 포기하는 것도 쉽지 않은 일이었다. 하지만 마음과는 달리 둘째를 출산하고도 나는 여전히 운동에 돈과 시간을 낭비하는 악순환을 그대로 되풀이하고 있었다.

세상 혼란 속에 요가를 만나다

작은 아이가 초등학교에 입학하던 그 해, 코로나 팬데믹이 시작되었다. 회사일로 바빠 퇴근이 늦던 남편은 '집합금지'로 퇴근이 빨라졌고 등교가 중지가 된 아이들은 하루 종일 집에서 원격수업과 가정학습을 하게 되었다. 그야말로 신발이 필요 없을 만큼 모든 일들이 종일 집안에서 이루어졌다. 지나고 보니 좋았던 일도, 돌이켜봐도 힘겨웠던 일도.

그런데 왜 그랬을까?
그런 상황에서도 '요가교육사모집'이라는 글귀가 마음에 꽂혀 굳이 요가원에 기어들어가다니, 지금도 나는 그때의 내가 잘 이해되지 않는다.

살면서 손으로 발가락 한번 잡아본 적 없는 뻣뻣한 나인데…….

과연 내가 잘 할 수 있을까? 생각도 들었지만 이렇게라도 시작하면 강제로라도 요가를 하고 당장은 아니어도 아이들이 크고 나면 언젠가 나도 누군가를 가르칠 수 있지 않으려나? 하는 작은 희망도 있었던 것 같다.

그래도 그렇지 '요가원 놈들' 어떻게 '나'같은 사람에게 "충분히 할 수 있어요." 라는 말을 할 수 있는 거지? 그렇게 반신반의하며 난 그 '누구도' 믿지 못 할 요가교육사 과정을 시작하는 만행을 저지르고 말았다.

요가원 놈들

정성껏 발뒤꿈치를 정리하고 요가원에 간 첫날, 어색한 공기 속에 서로 인사를 나누던 그 자리엔 나 이외에 여섯 명의 교육생들이 있었다. 나와 1년을 함께 할 나의 도반들이었다.
그렇게 우리는 서로에게 '도반'이 되었다.
그렇게 나의 모든 것은 요가와 요가 아닌 것으로 나뉘었다.
그렇게 그 '요가원 놈들'은 나의 훌륭한 스승이 되었다.

겨울 그리고 봄

보통이라면 가던 운동도 멈춰야했던 코로나가 극심했던

그 가을, 나는 그 가을에 야심차게 요가를 시작했다. 당시 코로나가 더욱 심해져 실내체육시설 운영이 금지되고 급기야 겨울에는 요가원과 아이들이 다니는 학교도, 학원도 전부 문을 닫는 상황에 이르렀다.

나는 이론수업이 있는 화요일 저녁 7시엔 빠지지 않고 요가원으로 향했지만 다른 요일에는 거의 수련을 하지 못하는 겨울과 봄을 보내고 어느 덧 졸업을 앞둔 여름이 되었다.

그해 여름

우리는 누가 시킨 것도 아닌데 정말 열심히 서로를 응원하며 매우 뜨거운 여름을 보냈다. 하루에 세 시간씩 수련에 집중하였고 주말에도 요가원에서 시간을 보냈다. 그해 여름의 그 시간들은 살면서 절대 잊지 못 할 시간이 되었다.

요가원 창가에서 바라다 보이는 은행나무에 초록이 무성해졌다. 나는 드디어 손가락을 뻗어 발가락을 잡을 수 있게 되었다.

'요가원 놈들'의 말이 거짓이 아니었음을 깨닫게 되었다.

수련을 통해 몸이 정말 변화했던 것이다.

매우 감사하고 경이로운 날들이었다.

가을날의 졸업

요가원 창가에는 은행나무가 가득하다.

언제라도 편안함과 따뜻함을 주는 요가원이지만 우리가 졸업한 그 가을 요가원의 노랗게 익은 창가는 더더욱 따뜻했다.

졸업을 하면 몹시 허전할 것도 같았고 새로운 시작이란 생각도 들었다.

나의 스승님

내가 교육사 과정을 밟은 곳은 한국요가문화협회이다.

이곳이 지닌 강점 중 하나는 많은 스승님들을 만날 수 있다는 점이다. 교육을 받는 동안 정강주 회장님, 정승훈 원장님, 정승원 원장님, 박자방 부회장님, 고희영 이사님 등 훌륭한 스승님을 한 분 한 분 만날 때마다 매 번 새로운 차원의 요가를 배울 수 있었다.

이 가운데 가장 나를 신선한 충격에 빠뜨린 분은 고희영 선생님이셨다. 고희영 선생님은 40년 가까이 수련지도를 해 오신 분으로 특히 내가 관심 있는 시니어요가에서는 가히 권

위자라 칭할 수 있는 분이셨다. 이 분이 지도하시는 요가 클래스는 강좌가 오픈되기가 무섭게 마감되는 것으로 유명하다. 요가를 언제 시작하셨는지 여쭤보니 꼭 지금 내 나이였다.

40여년 요가를 하셔서인지 나이를 가늠할 수 없을 정도의 균형감과 탄력, 지구력이 놀라울 정도였다. 연령에 맞는 요가의 색다른 접근과 지도법은 물론, 삶을 대하는 그분의 태도가 정말 존경스러웠다.

"이번 생은 '참(眞) 나'가 이 별에 소풍 온 것이라 생각해요. '나'를 잃지 말고 소풍 온 것처럼 인생을 향유하세요!"

고희영 선생님을 보며 나도 그 분처럼 살아가야지 생각했다.

끝은 창대하다

지금도 은행나무의 노란 잎을 볼 때면 한걸음 쉬어가는 좋은 습관이 생겼다.

교육사 1년 과정은 잠시 잃어버렸던 나의 모습을 찾을 수 있는 참된 시간이었다.

요가를 하며 가장 크게 변화한 점은 나에게 더 집중할 수 있게 되었고, 수련을 통해 깨달은 알아차림을 통해 이전의 나로부터 벗어나고 있다는 것이다.

아사나

평온한 하루를 시작하는 파완묵타 시리즈

[영상으로 만나기]

1. 바르게 앉기

바쁘게 돌아가는 일상 속에서 내가 숨을 쉬고 있는지조차 잊고 있었음을 알아 차려봅니다. 잠시 숨을 고를 시간입니다. 어디든 편한 장소에 앉아보세요.

등과 허리는 바르게 펴고 두 손은 무릎 위에 얹고 어깨에는 힘을 빼고 고개는 바르게, 두 눈은 살며시 감고 코끝으로 들어오고 나가는 나의 숨길을 바라봅니다.

천천히 코로 숨을 들이마시고 코로 숨을 내쉬고, 마시는 숨에 등과 가슴을 펴고 내쉬는 숨에 어깨의 긴장을 한 번 더 풀어냅니다.

머리가 맑아지고 마음이 한결 평온해짐을 느낄 수 있을 거예요.

2. 목 운동

이제 마시는 숨에 고개를 들어 올려 시선은 천장을 바라봅니다. 내쉬는 숨에 목에 힘을 빼고 고개를 뒤로 젖힙니다. 그대로 천천히 10초간 유지합니다. 호흡도 편안하게 이어갑니다. 숨을 마시면서 고개 정면으로 돌아오고 이어 숨을 내쉬면서 고개를 앞으로 내려 유지합니다. 여러 차례 반복합니다.

3. 손목 풀기

두 팔 앞으로 길게 뻗습니다. 손바닥은 아래를 향하게 하고 가볍게 엄지를 말아 주먹을 쥐고 편안하게 호흡하며 손목을 시계방향으로 10번 돌려줍니다. 반대방향으로도 돌려줍니다. 두 손을 무릎 위에 편안하게 내려줍니다.

4. 발목 풀기

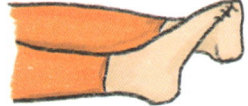

두 발을 어깨너비정도로 넓혀줍니다. 양 손은 엉덩이 옆 바닥을 가볍게 짚어줍니다. 양 발을 왔다갔다 여러 차례 움직여줍니다. 이때 엄지발가락끼리 닿았다가 새끼발가락은 바닥에 닿았다가를 반복합니다. 다리 전체를 크게 움직여 고관절에도 느낌이 올 수 있도록 합니다.

5. 척추와 골반 풀어주기

누운 자세에서 시작합니다. 무릎을 세우고 양 발은 어깨너비 1.5배로 넓게 엽니다. 발끝은 바깥으로 향하게 두고 양 손은 둔부 옆 편한 곳 바닥을 짚습니다. 무릎을 좌우로 왔다갔다 움직이며 고개는 무릎과 반대쪽으로 돌려줍니다. 허리, 등, 엉덩이 주변을 마사지한다 생각하고 몸을 비틀며 시원한 느낌을 알아차려봅니다.

6. 아도 무카 스바나아사나 (견상자세)

ADHO MUKHA SVANASANA

    이제 천천히 몸을 돌려 기어가는 자세를 취합니다. 양 손은 어깨 아래에 두고 무릎은 골반 아래에 둡니다. 허리를 편편하게 만들어 어디에도 힘을 싣지 않고 잠시 허리의 긴장 풀어봅니다. 발끝을 당겨 세워 놓습니다. 숨을 마시면서 무릎을 펴고 엉덩이는 높이 들어 올립니다. 숨을 내쉬면서 손으로 바닥을 밀고 고개는 팔과 팔 사이로 내리며 뒤꿈치는 바닥에 꾹 눌러 붙입니다. 이때 손으로는 계속 바닥을 밀면서 무릎을 펴고 꼬리뼈를 끌어올리려고 해 봅니다. 겨드랑이와 어깨가 늘어나고 다리 뒤쪽이 늘어나는 느낌이 찾아옵니다. 호흡과 함께 30초 정도 유지합니다. 이제 마시는 숨에 뒤꿈치를 들어 올려 상체를 살짝 앞으로 보냈다가 내쉬면서 무릎과 발등을 바닥에 내립니다. 기어가는 자세로 호흡을 정리합니다.

7. 사바 아사나 (송장자세)

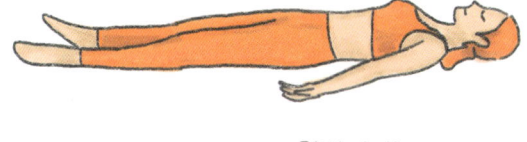

SAVASANA

이제 손과 발을 열어놓고 고개를 바로 한 채로 눈을 감습니다. 손바닥은 하늘을 향합니다. 알고 보면 나의 몸 전체가 하늘을 향해 있는 것입니다. 눈을 감고 편안한 호흡을 이어갑니다. 몸과 마음을 편안히 둡니다. 편안한 몸과 마음으로 잠시 깊은 이완에 듭니다.

깊은 숨을 한 차례 쉬고 고개를 좌우로 왔다 갔다, 팔과 다리도 좌우로 흔들어 몸을 깨웁니다. 평온한 하루를 준비합니다.

편안한 하루가 되길 바랍니다.

나마스떼.

7

सप्त · sapta

수현

요가지도자 꿈나무 기초요가

조수현

항공서비스학과에 다니던 중 "대학교를 졸업하면 어떻게 살아갈 것인가?"의 문턱에 서서 2학년이 될 무렵 과감히 자퇴를 결심, 무작정 사회에 뛰어들었다.

힘들거나 수입이 적어도 행복하게 평생 할 수 있는 업(業)을 찾아 간호조무사, 네일아트자격증, 플로리스트 등 다양한 분야의 일을 배우고 경험했다.

요가를 만난 지 6년. 지금은 요가를 통해 '나'를 알아차리고, '나'를 바라보는 행복한 여정에 서 있다.

'몸과 마음을 갈고 닦는' - 요가를 너무나 좋아하는 20대 후반의 3년차 요가 강사.

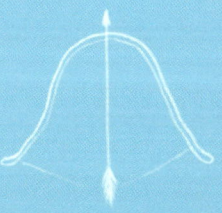

URDHVA DHANURASANA

이야기

첫 만남

대학 2학년이 될 즈음, 불투명한 미래에 대한 많은 생각과 고민들로 겨울방학을 보내고, 방학이 끝나갈 무렵 나와 맞지 않는 전공을 과감히 포기하고자 자퇴를 결심했다. 대부분의 반응이 그랬다.

"그래도 대학은 나와야지.", "졸업은 하는 게 맞는 거 같은데?" 또 누군가는 "그럴 거면 뭐 하러 대학을 갔어? 바로 취직이나 하지!" 라고 말했다.

마음이 크게 요동치고 듣는 순간 화가 나 콧구멍이 벌렁거리며 무슨 말을 해야 할지 머리가 하얘졌다. 나에 대해 얼마나 잘 안다고 그렇게 쉽게 떠들어 대는 거야!

전혀 그렇게 보이진 않지만 생김새와는 다르게 나는 감정을 잘 다스리는 사람이 아니다. 흥분하면 가슴이 요동치고 목소리가 커지고 말이 빨라진다. 그리고 말을 정리하지 못한 채 말을 막 쏟아낸다.

이럴 때 가장 중요한 건 감정control 이라고 생각한다. 그런데 그보다 더 중요한 것은 현재 나의 기분이 어떤지를 알아차리는 것이다. 그래야 나의 감정을 제어할 수 있다고 생각한다. 분노인지, 슬픔인지, 우울인지, 나의 마음을 먼저 살피고 내 기분을 알아야 감정control 을 현명하게 잘 할 수 있다고 생각한다.

나는 처음부터 요가에 관심이 있던 사람도 아니었고, 명상과는 더욱 거리가 멀었던 사람이다. 그런데 지금은 요가 수련을 하고 요가를 가르치는 강사가 되어 있다.

학창시절부터 '추진력이 좋다'는 말을 자주 들었다. 좋아하는 것이 많았고 배우는 것을 싫어하지 않는 탓에 흥미를 빨리 느꼈던 것 같다. 하지만 관심에 비해 끈기가 없었다. 빠르게 시도했지만 얼마가지 않아 금방 질리고 포기하기 일쑤였다.

반면, 엄마는 요가를 꾸준히 오래하셨다. 삼남매를 키우고 직장까지 다니며 매일 일주일에 세 번은 요가 수련을 가는 엄마가 신기했고, '대단하다!'라는 생각을 많이 했다.

어느 날 밥을 먹다가 "엄마 나도 요가 한번 배워볼까?"라고 무심코 말을 던졌다. 엄마는 "너 또 일주일도 못하고 그만두는 거 아니야?"라고 받아쳤지만, 이내 내 손을 이끌고 요가원으로 향했다. 내 나이 열아홉 살이었던 걸로 기억한다.

엄마와 처음 요가원을 갔던 날, 신발을 벗고 요가원에 들어가 옷을 갈아입고 매트에 앉았다. 엄마가 옆에서 눈을 감고 명상이라는 것을 하기 시작했다. 엄마의 모습을 보며 뭔지도 모른 채 무작정 따라했고 그렇게 나의 첫 요가 수련이 시작되었다.

그렇게 선생님의 말에 동작들을 따라하다 보니 60분의 수업이 끝이 났다.

수업을 들으며 가장 기억에 남는 말이 "호흡을 바라보십시오.", "관찰하십시오." 라는 말이었다. 그때는 아무것도 모르면서 따라하고, 옆 사람을 보면서 비슷해 보이게 흉내를 냈던 것 같다. 하지만 얼마 가지 않아 엄마의 예측대로 한 달을 등록했지만 반도 다니지 않았다.

하고 싶은 것을 하기 위해서는 해야 할 일을 해야 한다

내가 대학교를 자퇴한 결정적인 이유는 남들이 하니까 하기 싫음에도 억지로 몇 년을 공부해 졸업하고, 적당한 회사에 취업해 다니기 싫은 회사의 직원으로 살아가고 싶지 않아서였다. 중·고등학교만으로 충분하다고 생각했기 때문이다.

　물론, 엄마와 아빠가 항상 하시던 말씀이 "사람이 하고 싶은 것만 하며 살 수는 없어." 라는 말이었는데, 스무 살 밖에 되지 않았던 나는 그 말을 도무지 이해 할 수가 없었다. 왜 안 된다는 거지? 그래도 난 하고 싶은 것만 하며 살 거야. 남들처럼 그렇게 억지로 하기 싫은 거 하며 살지 않을 거야! 하며 고집을 부렸다.

　하지만 일 년, 이 년 시간이 지날수록 엄마와 아빠의 말이 점점 더 크게 와 닿는 건 사실이었다. '내가 하고 싶은 걸 하기 위해 하기 싫은 것도 해야 한다.'는 사실을 인정할 수밖에 없었기 때문이다.

나의 요가 교육사 분투기

　'아. 이 직업이라면 평생을 해도 행복하겠다.'
　누군가 시켜서 하는 일 말고 진심으로 하고 싶은 직업을 찾고 싶었다. 그렇게 대학교를 자퇴하고 돈을 벌기 시작했다. 먼저 자격증을 따고 제법 안정적인 병원에 취업해 돈을 벌었다. 하루 빨리 하고 싶은 일을 찾기 위해서였다. 일을 하며 하고 싶은 것들을 하나하나 배워 나갔다. 한 달도 채우지 못 하고 나가지 않던 요가도 다시 배우기 시작했다. 내가 몰랐던, 보지 못했던 것들을 보기 시작하며 흥미를 느끼고 관심을 갖기 시작했다.

그렇게 2020년도 요가교육사 과정 모집이 시작되었다. 추진력이 강한 나에게 배우는 과정에 드는 돈과 시간은 중요한 요소가 아니었다. 그렇게 등록하고 그해 10월에 첫 수업이 시작되었다. 그 당시 병원에서 일을 하고 있을 때라 퇴근 후 천근만근 무거운 몸을 이끌고 요가원으로 향했다.

내가 다니는 안국 요가문화원은 하타요가를 기반으로 한 전통요가 수행방식이었다. 1년 과정 이었는데. 매주 화요일 시간표가 빼곡했다. 끈기 부족인 나를 아는 주변 사람들은 "자그마치 1년인데 너한테 너무 긴 거 아니야? 할 수 있겠어?", "요즘은 3개월 단기과정도 많던데.", "이걸로 돈 벌 거면 빨리 따고 빨리 돈 벌어야 되는 거 아니야?"라며 조언 아닌 조언들을 한마디씩 보태주었.

하지만 나는 할 수 있을 것 같았다. 전문대도 최소 2년인데, 이 분야에서 전문가가 되려면 1년은 긴 시간도 아니라고 생각했다.

그렇게 퇴근 후 친구들과 마시는 맥주 한 잔의 유혹들을 뿌리치고 요가원에 몸을 가져다 놓았다. 하루 일정의 마무리를 요가 수련으로 하다 보니 자연스럽게 일상 속에서 일어나는 감정의 소요들이 잔잔해지기 시작했고, 별 것 아닌 일에 흥분하거나 예민하게 반응 하거나 하는 일들이 줄어들기 시작했다. 또 '나'를 더 잘 알게 되는 계기가 되었다. 도반이라는 울타리에서 우리는 함께 호흡을 나누고 또 자신의 호흡을 바라보며 그렇게 배우고 강사의 자질을 하나씩 갖춰나갔다.

요가 덕분인지 아닌지 근거가 확실하지는 않지만, 분명한 사실은 감정이 자주 요동치던 내가 요가 수련을 전후하여 비교 할 수 없을 만큼 많이 바뀌었다는 점이다. 선택에 앞서 많이 신중해졌고, 소리를 지르지 않으며 순간순간 찰나의 평정심을 만들어 나가는 삶을 그려나가게 되었다.

아무래도 호흡에 집중하고 내 호흡을 바라보며 수련을 하니 그것이 일상으로 이어져 작용하고 있는 것이 아닐까 하는 생각이 들었다. 신기하게도 이것저것 관심이 많던 내가 요가를 배우는 1년 동안은 아무것도 배우지 않았다. 오로지 요가 수련만 하며 1년을 지냈다. 매일 같이 요가를 한 것은 아니었지만 내가 원해서 1년이란 과정을 끈기 있게 끝낸 것은 처음이었다.

출석만으로 자격증이 나오고 강사자격이 주어진다면 간단하겠지만, 200시간의 개인수련이 필수였기 때문에 열심히 개인수련을 하며 필수 조건을 부지런히 채워나갔다. 직장을 다니면서 수련하고 공부해야 했기 때문에 더 부지런히 움직일 수밖에 없었다. 1년의 긴 여정이 끝난 후 마침내 자격증을 품에 안았다.

자격증 그리고

열심히 수련하고 공부했지만 남들에게 요가라는 것을 가르치기에는 내 그릇이 너무 작다는 생각이 들었다. 분명 직업으로 삼으려고 요가 강사가 되었지만 내가 요가를 가르치기엔 턱없이 부족하다고 느꼈고, 호흡을 나누고 내면을 바라볼 수 있게 도움을 주려면 더 배우고 더 많이 알아야 한다는 것을 절감했다.

직업에 대한 프라이드가 강한 탓에 스스로 부족하다고 느꼈던 것일까? 아니면 용기가 없어서 그랬던 것일까? 아마도 두 가지 영역 모두가 영향을 미쳤을 것이라 생각한다. 여전히 나는 열심히 수업하며 수련하고 배우며 몸과 마음으로 많은 것을 느끼며 살아가고 있다.

힘들고 고되고 수입이 적은 직업이라도 '내가' 하고 싶은 것을 하며 살고 싶다는 생각들이 마음 한켠에 크게 자리 잡았고, 내 직업은 꼭 '내가' 원하는 것이어야 한다고 생각했다. 누군가 시켜서 정해진 길대로 가는 것 말고 내 삶의 길을 내가 만들어 가야 한다는 생각이 깊었다.

내 인생의 주연은 나다.

앞으로도 누군가의 "이거 한번 해봐.", "이거 잘 맞을 것 같은데." 라는 말들은 정답이 아닌 보기로만 두고 싶다.

그렇게 나는 내가 원하는 직업을 선택했고 온 몸으로 깨닫고 실천해 나가는 지금이 온전히 즐겁다. '아, 언제 끝나지?'라는 생각으로 가득 찼던 직장에서의 시간들을 되돌아본다면, 지금은 —하기 싫은 것을 할 때의 마음과 비교할 수 없을 만큼— 매 순간이 값진 시간들이다. 수업을 찾아다니고 내 수업의 질을 높이기 위해 스스로 공부를 하고 배워가는 과정들이 너무 감사하고 소중하기만 하다.

매 순간 평정심을 유지하기 위하여

지금 나는 감히 요가원 창업을 꿈꾼다. 그러기 위해서 차근차근 더 열심히 배우고 성장해 갈 생각이다. 많은 사람들에게 요가를 나누고 베푸는 삶을 살아가고 싶나. 욕심을 내려놓고, 인기 많은 요가 강사보다는 타인에게 진심으로 다가갈 줄 아는 따뜻한 손길을 가진 한결같은 요가강사가 되고 싶다.

나는 그런 요가강사를 꿈꾸는 평범한 20대다.

우리는 살면서 마음이 작고 크게 요동칠 때가 많다. 예상치 못한 순간들이 생겨나기도 하고 또는 마음은 그게 아니었는데 오해가 생기기도 하고 찰나에 마음이 상하기도 한다. 더불어 살아가는 사회이다 보니 수 없이 많은 상황들을 마주하고 수 많은 감정들을 접하며 살아간다. 그 순간들을 하나하나 감당하기엔 내 마음의 크기는 작고 소중하기에 과감히 버리는 연습도, 덮어두는 연습도 필요하다.

'타인보다 나를 먼저 바라보고 나를 더 많이 들여다보고 연습할 필요가 있다.'

관심사 많고 일 벌이기 좋아하고 금새 동요되던 '나'라는 사람은 요가를 만나 변화하고 성장하는 길 위에 서 있다. '나의 이야기'는 그 여정에 서 있는, 어쩌면 '나를 바라보는 작업'이기도 하다.

아사나

요가지도자 꿈나무를 위한 기초 요가동작들

[영상으로 만나기]

요가 수련을 위한 기본 동작들을 아사나로 정리해 봅니다.

먼저 앉은 자세에서 깊은 전굴로 타이트한 허벅지 뒷면을 시원하게 풀어주고 림프가 모여 있는 골반주변을 함께 풀어 나갑니다. 골반과 허벅지 뒤쪽의 근육들은 조금만 서 있어도 금방 뭉치고 타이트해집니다. 또한 림프가 모여 있는 골반과 고관절 주변은 자주 풀어줘야 합니다. 이어서 기어가는 자세, 엎드린 자세로 아도 무카 스바나아사나와 부장가아사나를 연결하여 말려있는 가슴과 등, 허리를 전체적으로 열어주고 풀어주며 내 몸을 알아차립니다. 선 자세의 대표 동작인 전사자세에서 웃카타아사나까지 연결해 보고 하체와 몸 전체의 힘을 느껴봅니다. 다시 한 번 앉은 자세로 돌아와 말라아사나로 골반을 시원하게 풀어주고 가슴을 활짝 열어 깊은 숨을 들이 마시고 내쉽니다.

이제 매트에 누워 편안하게 휴식하였다가 할라아사나로 경직된 어깨와 팔꿈치, 허리를 편안히 해주고 척추의 전굴로 등을 유연하게 만들어줍니다. 이제 세투 반다아사나에서 우르드바 다누라아사나로 이어가봅니다. 닫혀있던 가슴을 활짝 열어내며 어깨의 힘을 길러봅니다. 몸의 앞면을 전체적으로 확장시킬 수 있습니다.

마무리 자세는 사바아사나입니다. 사바아사나로 깊은 이완에 들어가며 들숨과 날숨에 생각을 비우고 고요해진 내 몸을 바라봅니다.

① 앉은 자세   파스치모타나아사나 (등 펴기)

매트에 무릎을 펴고 양 발을 모아서 앉습니다. 양 손으로 발을 잡고 숨을 마시며 가슴을 들어 올렸다가 내쉬며 가슴 앞으로 밀어내면서 상체를 앞으로 숙입니다. 이마 또는 턱을 정강이 위에 올려놓습니다. 10초 간 호흡을 유지하며 내쉬는 숨에 조금씩 더 가슴을 앞으로 밀어내고 꼬리뼈는 뒤로 보내 엉덩이 뒤쪽부터 허벅지 뒷면의 자극을 조금 더 느껴봅니다. 마시는 호흡에 천천히 올라옵니다.

받다 코나아사나 (나비자세)

BADDHA KONASANA

바닥에 앉아 무릎을 구부려 양 발바닥을 서로 붙입니다. 발뒤꿈치를 회음부 가까이 당겨놓고 양 손은 양 발의 측면을 잡아줍니다. 숨을 마시며 가슴을 쭉 끌어 올렸다가 내쉬며 상체를 아래로 숙여갑니다. 상체를 아래로 내릴 때 팔꿈치로 무릎을 가볍게 눌러줍니다. 가능하다면 턱 또는 이마가 바닥에 닿을 수 있도록 노력해봅니다. 천천히 마시는 숨에 상체를 일으켜 제자리로 돌아옵니다.

우파비스타 코나아사나 (박쥐자세)

UPAVISTHA KONASANA

무릎을 펴고 다리를 가능한 만큼 넓게 벌립니다. 발끝은 몸 쪽으로 당기고 등과 허리를 바르게 세워줍니다. 양 손으로 바닥을 짚고 숨을 마시며 등과 허리를 조금 더 바르게 세우며 꼬리뼈를 조금씩 뒤쪽으로 밀어줍니다. 내쉬는 호흡에 상체를 앞으로 깊게 숙이며 아랫배, 가슴, 턱의 순서대로 바닥에 내립니다. 이제 가능하면 양 손으로 양 발을 잡아봅니다.

내쉬는 숨에 상체를 조금씩 더 아래로 숙여주며 골반과 고관절의 자극과 다리의 시원함을 느껴봅니다. 호흡을 빨리하려 하지 말고 천천히 깊은 호흡으로 이어갑니다.

이제 마시는 숨에 천천히 손을 풀어 상체를 바로 세웁니다. 다리를 툭툭 털며 가운데로 모으고 무릎을 굽혀 양 팔로 무릎을 감싸 고개 숙여 이완합니다.

② 기어가는 자세 · 엎드린 자세 아도 무카 스바나아사나(견상자세)

ADHO MUKHA SVANASANA

기어가는 자세를 취합니다. 양 손 어깨너비로 바닥을 짚고 무릎은 모아 놓습니다. 숨을 들이마시며 무릎을 펴고 둔부를 천장으로 높게 끌어 올립니다. 내쉬는 숨에 양 손으로 바닥을 밀어 머리는 팔과 팔 사이에 두고 뒤꿈치 바닥에 눌러 붙입니다. 꼬리뼈를 천천히 천장으로 높게 끌어올리면서 시선은 발끝을 바라봅니다. 등이 동그랗게 말리거나 척추가 펴지지 않는다면 양 발을 골반너비로 열고 무릎을 약간 굽히면서 손으로 바닥을 밀어냅니다. 어깨와 겨드랑이를 풀어준다는 느낌으로 손으로 바닥을 밀어내 등허리를 길게 펴는 것입니다. 꼬리뼈는 천장으로 끌어올립니다. 어깨와 가슴이 풀리고 허벅지 뒷면이 늘어나는 자극을 천천히 느껴봅니다.

동작에서 나올 때는 마시는 숨에 양 발 뒤꿈치를 들어 올려 무게중심을 손바닥 쪽으로 옮기고 숨을 내쉬면서 무릎과 발등을 바닥에 내려 기어가는 자세로 돌아옵니다.

부장가아사나 (코브라자세)

BHUJANGASANA

배를 대고 엎드립니다. 이마는 바닥에 두고 양 손은 어깨 아래 바닥을 짚습니다. 다리의 간격은 골반너비로 놓아두고 발등은 바닥에 내립니다. 마시는 숨에 등과 허리의 힘으로 상체를 살짝 들어 올리고 내쉬는 숨에 손으로 바닥을 밀어내며 상체를 위로 세웁니다. 팔꿈치를 펴며 가슴을 끌어올리고 시선 정면을 바라봅니다. 어깨가 으쓱 올라가지 않도록 어깨를 뒤로 돌려 아래로 낮추며 가슴을 활짝 열어줍니다. 가슴과 어깨가 열리고 몸의 앞면이 늘어나는 느낌에 집중합니다.

③ 선자세　　　　　비라바드라아사나 1 (전사자세 1)

VIRABHADRASANA I

바로 섭니다. 양 발의 너비를 어깨너비 세 배 정도로 열고 발의 바깥날은 11자로 정렬합니다. 왼발을 왼쪽으로 90도, 오른발은 45도 정도 왼쪽으로 돌려놓습니다. 몸통이 자연스럽게 왼쪽으로 돌아가 왼쪽 벽면과 마주합니다. 이제 마시는 숨에 양 팔을 벌려 머리 위에서 합장합니다. 내쉬는 숨에 왼 무릎을 굽힙니다. 뒤로 뻗은 오른 다리의 무릎을 펴서 발로 바닥을 밀어내고 그럼으로써 뒤쪽 다리에 힘이 단단하게 들어가도록 합니다. 무게 중심이 앞으로 쏠리지 않도록 왼쪽 허벅지의 힘과 오른 다리의 균형을 잡아봅니다. 시선은 정면을 바라보며 깊은 호흡을 이어갑니다.

비라바드라아사나 2 (전사자세 2)

비라바드라아사나1 동작에서 그대로 이어갑니다. 천천히 숨을 마시며 상체를 오른쪽으로 틀어 양 팔을 좌우 수평으로 뻗습니다. 내쉬면서 왼 무릎을 한 번 더 굽힙니다. 오른발 뒤꿈치로 바닥을 밀어내고 왼 무릎은 계속해서 직각으로 유지합니다. 고개를 돌려 왼손 끝을 바라보며 깊은 호흡을 이어갑니다.

자세에서 나올 때는 마시는 숨에 무릎을 펴고 내쉬는 숨에 양 팔을 아래로 내립니다. 고개를 정면으로 돌리고 잠시 호흡을 가다듬습니다.

비라바드라아사나1, 2번 동작을 연결하여 반대쪽도 이어갑니다.

웃카타아사나 (의자자세)

UTKATASANA

바로 섭니다. 마시는 숨에 두 손을 합장하며 머리 위로 쭉 뻗어 올립니다. 내쉬는 숨에 엉덩이를 뒤로 빼고 무릎을 구부리며 가슴이 앞으로 숙여지지 않도록 펴줍니다. 다리와 몸 전체의 힘을 의식하며 호흡하고 그대로 유지합니다.

나올 때는 숨을 마시며 무릎을 펴 바로 서고 숨을 내쉬며 합장한 손을 가슴 앞으로 내립니다. 천천히 양 손을 둔부 옆으로 떨구고 편한 간격으로 다리를 열어 잠시 호흡을 고릅니다.

④ 앉은자세 　　　　　말라아사나 (화환자세)

MALASANA

　발을 모아서 쪼그려 앉습니다. 두 손을 모아 가슴 앞에서 합장하고 팔꿈치는 무릎 안쪽에 둡니다. 숨을 들이 마시며 가슴을 확장하고 숨을 내쉬며 팔꿈치로 무릎을 밀어내며 고개를 뒤로 젖힙니다. 무릎은 안으로 모이려하고 팔꿈치로는 그 무릎을 밀어냅니다. 호흡과 함께 골반 주변의 느낌을 바라보며 자세를 유지합니다.

⑤ 누운자세   할라아사나 (쟁기자세)

다리와 발을 붙이고 누운 자세에서 시작합니다. 양 손은 둔부 옆 바닥을 짚고 마시는 숨에 양 발을 천장으로 쭉 뻗어 올립니다. 팔로 바닥을 눌러 복부의 힘으로 등을 굴려 양 발을 머리 위로 넘깁니다. 발끝이 머리 뒤쪽 바닥에 닿았다면 손으로 등과 허리를 받치고 지지합니다. 턱은 가능한 쇄골 가까이 당겨옵니다. 천천히 호흡을 이어가며 유지하다가 숨을 내쉬면서 천천히 양 손으로 바닥을 짚고 등, 허리, 둔부 순서대로 내려옵니다. 엉덩이가 바닥에 닿았다면 다리를 곧게 편 채 복부의 힘을 의식하며 다리를 끝까지 뻗어서 아래로 내려놓습니다.

목 디스크가 있거나 목이 불편하다면 사바 아사나로 이완하거나 다리만 천장으로 뻗어 올리고 유지합니다.

세투 반다아사나 (교각자세)

등을 대고 눕습니다. 양 무릎을 구부려 골반너비로 세웁니다. 뒤꿈치는 무릎 아래 오도록 두고 양 발 바깥날은 11자로 둡니다. 양 손은 둔부 옆 바닥을 짚습니다. 마시는 숨에 엉덩이를 들어 올리고 호흡하며 잠시 머물렀다가 숨을 내쉬면서 천천히 내려옵니다.

우르드바 다누라아사나 (위를 향한 활자세)

URDHVA DHANURASANA

무릎을 세워 누운 자세에서 이어갑니다. 양 발을 둔부 가까이로 당겨놓습니다. 손가락 끝이 어깨를 향하도록 하여 양 손으로 얼굴 옆 바닥을 짚습니다.

마시는 숨에 골반을 들어 올리고 내쉬는 숨에 양 손 바닥을 밀어내며 정수리를 바닥에 둡니다. 이제 다시 한 번 양 손으로 바닥을 밀어내며 팔꿈치 펴고 무릎을 폅니다. 등을 아치로 만들고 몸을 머리 쪽으로 움직이면서 무릎을 더 펴도록 합니다. 천천히 고개를 뒤로 젖혀 곧게 편 팔 사이에 머리를 늘어뜨립니다. 호흡하며 몸의 느낌을 관찰합니다. 동작에서 빠져나올 때는 숨을 내쉬면서 머리, 어깨, 등, 둔부의 순서로 바닥에 몸을 내려 돌아옵니다.

편히 누운 자세로 이완

 사바아사나. 등을 바닥에 대고 누워 몸을 편히 둡니다. 양 발에 힘을 빼고 양 손은 둔부 옆에 편안히 둡니다. 눈을 감습니다. 눈썹 사이 미간에 긴장을 풀고 코끝으로 들어오고 나가는 숨을 느끼며 편안한 호흡을 이어갑니다.

당신에게 마법같은 요가의 세계가 펼쳐지기를.

오사기

감사한 마음 전합니다

책의 출간 이전에 1년간 깊은 가르침으로 오사기(54기 교육사)의 긍정적인 변화를 이끌어 주신 한국요가문화협회 정강주 회장님 이하 여러 스승님들께 감사의 마음을 전합니다.

부족한 글에 많은 우려와 걱정이 앞섬에도 불구하고 성의 있게 책을 감수해주시고 진심 어린 조언을 아끼지 않으신 한국요가문화협회 정승훈 원장님께 감사의 마음을 전합니다. 원장님이 계시지 않았더라면 오사기의 원고가 그저 개인의 만족에 그치는 소장용 원고로 머물러 있었을 겁니다.

우당탕탕 요란하기만 한 오사기의 행보에 응원과 지지를 보내주신 많은 분들께 감사의 마음 전합니다.
기꺼이 한 줄 평을 허락해 주신 여러 요기, 요기니, 요린이 선생님들,
일곱 명의 어설픈 한 걸음 한 걸음을 애정 어린 시선으로 보아주시고 응원을 보내주신 선후배 도반님들, 회원님들,
곁에 있는 것만으로도 큰 힘이 되는 오사기의 가족분들 모두에게 감사의 마음을 전합니다.

'웃자고 쓰기 시작했던' 원고를 귀하게 여기시고 출판을 결정해 주신 고유출판사 이창현 대표님과 일곱 명의 이야기를 예쁜 책으로 만들어주신 편집자 및 여러 출판 관계자분들께도 감사한 마음 전합니다.

마지막으로, 이 책의 책장을 넘기며 '지금 이 순간' 요가 안에 머물러 있을 '당신'에게도 감사의 마음을 전합니다.
모두 평온하시기를..
나마스떼!

2024년 겨울
오사기

참고자료

1 란 편 | 인생 노잼 시기 극복요가

정승원, 『요가』, 김영사, 2004.
히로이께 아끼꼬, 『기적의 치유력 요가』, 정강주 (역), 요가문화원, 1996.
스와미 싸띠아난다 사라스와띠, 『아사나 쁘라나야마 무드라 반다』, 싸띠아난다 요가 아쉬람 (역), 한국요가출판사, 2007.
B.K.S 아헹가, 『요가 디피카』, 현천스님 (역), 선요가, 1997.
스와미 시바난다 라다, 『하타요가와 명상』, 최정음 (역), 정신세계사, 2004.

2 정원 편 | 어디서든요가

정태혁, 『멋지게 오래 사는 길』, 정신세계사, 2007.
석지현, 『바가바드 기따—세속에서 깨닫는 길』, 일지사, 1992.
정승원, 『요가』, 김영사, 2004.
정태혁, 『요가수트라』, 동문선, 2000.
이경희, 『통증 자연치유 요가 BIBLE』, 글로세움, 2018.
히로이께 아끼꼬, 『기적의 치유력 요가』, 정강주 (역), 요가문화원, 1996.
다카츠 후미코, 『다카츠 후미코의 뷰티 페이스요가』, 박경임 (역), siso, 2016.
스와미 싸띠아난다 사라스와띠, 『아사나 쁘라나야마 무드라 반다』, 싸띠아난다 요가 아쉬람 (역), 한국요가출판사, 2007.
B.K.S 아헹가, 『요가 디피카』, 현천 (역), 선요가, 1997.
『우파니샤드』, 석지현 (역), 일지사, 1997.
스와미 시바난다 라다, 『하타요가와 명상』, 최정음 (역), 정신세계사, 2004.
배런 뱁티스트, 『나는 왜 요가를 하는가?』, 이강혜 (역), ㈜터치아트, 2018.
데이비드 프롤리·산드라 서머필드 코젝 『당신을 위한 맞춤 요가』, 곽미자 (역), 2009.
레슬리카미노프·에이미 매튜스, 『요가 아나토미』, 한유창·이종하·오재곤 공역, 프른솔, 2015.
샌드라 앤더슨·롤프 소빅, 『요가 첫걸음』, 조옥경·김해희 공역, 학지사, 2006.
崎田ミナ, 『ずぼらヨガ』, 飛鳥新社, 2017.

3 진희 편 | 소란한 마음 고요히 잠재우는 집중력요가

정승원, 『요가』, 김영사, 2004.
히로이께 아끼꼬, 『기적의 치유력 요가』, 정강주 (역), 요가문화원, 1996.
스와미 싸띠아난다 사라스와띠, 『아사나 쁘라나야마 무드라 반다』, 싸띠아난다 요가 아쉬람 (역), 한국요가출판사, 2007.
B.K.S 아헹가, 『요가 디피카』, 현천스님 (역), 선요가, 1997.
스와미 시바난다 라다, 『하타요가와 명상』, 최정음 (역), 정신세계사, 2004.

4 현주 편 | 몸으로 마음을 다스리는 오피스요가

정승원, 『요가』, 김영사, 2004.
히로이께 아끼꼬, 『기적의 치유력 요가』, 정강주(역), 요가문화원, 1996.
스와미 싸띠아난다 사라스와띠, 『아사나 쁘라냐야마 무드라 반다』, 싸띠아난다 요가 아쉬람 (역), 한국요가출판사, 2007.
B.K.S.아헹가, 『요가디피카』, 현천(역), 선요가, 2007.
스와미 시바난다 라다, 『하타요가와 명상』, 최정음 (역), 정신세계사, 2004.

5 지나 편 | 잘 살고 싶어요가

박남식, 『황금아이를 낳는 여자』, 도서출판 문사철, 2019.
히로이께 아끼꼬, 『기적의 치유력 요가』, 정강주 (역), 요가문화원, 1996.
스와미 싸띠아난다 사라스와띠 , 『아사나 쁘라냐야마 무드라 반다』, 싸띠아난다 요가 아쉬람 (역), 한국요가출판사, 2007.
B.K.S 아헹가, 『요가 디피카』, 현천스님 (역), 선요가. 1997.
스와미 시바난다 라다, 『하타요가와 명상』, 최정음 (역), 정신세계사, 2004.
Desi Bartlett, 『임산부요가』, 김우성 (역), 영문출판사, 2020.

6 아희 편 | 해방요가

정승원, 『요가』, 김영사, 2004.
히로이께 아끼꼬, 『기적의 치유력 요가』, 정강주 (역), 요가문화원, 1996.
스와미 싸띠아난다 사라스와띠, 『아사나 쁘라냐야마 무드라 반다』, 싸띠아난다 요가 아쉬람 (역), 한국요가출판사, 2007.
B.K.S.아헹가. 『요가디피카』. 현천 (역), 선요가, 2007.

7 수현 편 | 요가지도자 꿈나무 기초요가

정승원, 『요가』, 김영사, 2004.
스와미 싸띠아난다 사라스와띠, 『아사나 쁘라냐야마 무드라 반다』, 싸띠아난다 요가 아쉬람 (역), 한국요가출판사, 2007.
B.K.S.아헹가. 『요가디피카』. 현천 (역), 선요가, 2007.
레슬리카미노프·에이미 매튜스, 『요가 아나토미』, 한유창·이종하·오재곤 공역, 프른솔, 2015.

안녕하세요가! - 나를 변화시키는 마법 같은 요가의 세계

발행	2025년 1월 1일
초판 1쇄	2025년 1월 13일
저자	국란, 최정원, 하진희, 정현주, 신지나, 정아희, 조수현
일러스트	신지나
기획	최정원
펴낸이	이창현
도서 디자인	비파디자인

동영상 제작 담당자

시연	조수현
나레이션	정현주
대본	국란, 최정원, 하진희, 정현주, 신지나, 정아희, 조수현
섭외	하진희
기획·진행	최정원
감독·편집	김예찬

펴낸곳	고유
출판사 등록	2022.12.12 (제2022-000324호)
주소	서울특별시 마포구 와우산로3길 29 2층
전화	070-8065-1541
이메일	goyoopub@naver.com
ISBN	979-11-93697-45-0

www.goyoopub.com

ⓒ 국란, 최정원, 하진희, 정현주, 신지나, 정아희, 조수현 2024

본 책은 저작자의 지적 재산으로서 무단 전재와 복제를 금합니다.